识干家

企業閱讀　學以致用

管理咨询师的第一本书

百万年薪 千万身价

熊亚柱◎著

中华工商联合出版社

图书在版编目（CIP）数据

管理咨询师的第一本书：百万年薪　千万身价/熊亚柱著. —北京：中华工商联合出版社，2017.12

ISBN 978-7-5158-2153-5

Ⅰ.①管…　Ⅱ.①熊…　Ⅲ.①企业管理-咨询　Ⅳ.①F270

中国版本图书馆 CIP 数据核字（2017）第 306338 号

管理咨询师的第一本书：百万年薪　千万身价

作　　者：熊亚柱
责任编辑：于建廷　效慧辉
责任审读：郭敬梅
封面设计：久品轩
责任印制：迈致红
出版发行：中华工商联合出版社有限责任公司
印　　刷：北京宝昌彩色印刷有限公司
版　　次：2018 年 2 月第 1 版
印　　次：2018 年 2 月第 1 次印刷
开　　本：710mm×1000mm　1/16
字　　数：211 千字
印　　张：15
书　　号：ISBN 978-7-5158-2153-5
定　　价：88.00 元

服务热线：010-58301130
团购热线：010-58302813
地址邮编：北京市西城区西环广场 A 座
19-20 层，100044
http：//www.chgslcbs.cn
E-mail：cicap1202@sina.com（营销中心）
E-mail：gslzbs@sina.com（总编室）

工商联版图书

导读

一部电视剧《我的前半生》让大家熟知了一个行业——咨询业，本人有幸于2010年踏入咨询业，从一位培训师及企业管理者的角色，一步步发展成为咨询顾问，完成了从一个打工者到自由职业者的蜕变，其中最大的体验莫过于思维的碰撞和改变。

我总结了一句口号“百万思维千万身价”，在我接触的职业经理人、企业总经理、私企老板当中，他们除了拥有百万年收入外，与其他人不同的就是思维。他们不怕困难和问题，他们认为困难和问题是超越竞争对手的阶梯，不去思考这件事情可不可能完成，而是打破思维寻求一切可能的方法，每每突破思维之后，找到的路径不止一条，在他们的眼睛里“世界上到处都是路，只要我迈出一小步”，而这一小步往往就是整个行业的一大步，从而把其他竞争者甩到脑后。

而在这个过程中，他们不是一个人在战斗，他们的思维不是只有他们具有，有一类人往往跟他们并肩作战，一起碰撞，一起进步，甚至多数时候是这群人在指引他们前进的方向，他们就是——企业咨询师。他们拥有“百万思维”，虽然不一定人人都有千万身价，但是超出其他行业平均水平数倍的薪酬，也让很多职场精英羡慕不已。

本书作者结合对各大领域顶尖企业的咨询经验，运用发现问题、分析问题、解决问题的逻辑步骤，深度剖析每一个初入行咨询师在工作中会遇到的问题，将没有任何经验的职场人员引进“百万思维”的大家庭中来，从而使读到这本书，并应用其中思维、原则和方法的人踏上“千万身价”之旅。

前言

何为咨询

“咨询”一词在汉语中有商量、询问、谋划和征求意见的含义。古今中外，凡是成就大事的人，都是雄才与大略的组合者。

而今天的信息量，已经不是一个人能够处理得来的，需要一个智囊团进行大略的匹配，这就是咨询团队或顾问团队。当一个人、一家企业、一个组织、一个国家的领导者需要做出重大的决策时，都需要专业人士和专业的团队进行各种可行性的分析、各种实施的策略方法建议、各种危机处理的预警、各种不同文化领域的拓展等，这就是咨询行业。著名的公司有麦肯锡、罗兰贝格、IBM 等。

何为咨询师

咨询师就是在咨询行业中运用专业的知识、技能和经验，通过咨询技术与方法，帮助个人或组织解决问题或提供方案的专业人员。比如心理咨询师、求职咨询师、管理咨询师、营销咨询师、战略咨询师等。

何为咨询业

咨询业属于一种智力密集型服务性行业。咨询的现代意义是指个体和组织以专门的知识、信息、经验为资源，针对不同的用户需求，提供解决某一问题的方案或决策建议。

咨询师的核心竞争力

（1）知识要求。职业咨询师一般要求有硕士以上学历，并在知识结构方面同时具备心理学、经济学、社会学、市场营销和管理学等专业知识。

（2）技能要求。咨询师要熟悉各种测评工具和方法，有超强的沟通能力和分析问题、解决问题的能力，善于从多个渠道获取信息，通过多种方式处理信息，具备良好的人际交往能力。

（3）经验要求。一般要求有人力资源管理或企业管理等相关工作经验，有对各行各业进行全面分析的能力，能够在一问一答之间展示自己的全部知识和经验储备。

（4）职业素养。咨询师要有丰富的阅历和社会经验，有超乎寻常的耐心，对人细心，有亲和力和高尚的职业道德，有保密意识和一定的创新思维。

目录
Contents

第一章

Chapter 1

融——融入项目显神威

咨询师要做的第一步就是融入。很多人有个误区，认为我是咨询师，我是顾问，我说的客户就应该做。只能说这些人太不了解咨询了。客户凭什么听咨询师的？客户有自己的优势和经验，咨询师又凭什么让客户公司的管理者听你的呢？在与客户的交流中，咨询师要在各个环节展现自己的专业能力。作为咨询师，第一步不是发挥专业能力，而是融入客户、融入团队、融入咨询文化，在融入的过程中让客户接受自己的观点、经验，从而踏上百万咨询师之旅。

第一节　项目洽谈

项目洽谈是咨询师的基本功。咨询师与培训师不同：咨询师就是一个通过“望闻问切”然后开处方药的医生；培训师是卖药的，而且卖的是标准的中成药，卖的药只有遇到特定的人、特定的“病情”才管用。很多培训师的课程销售人员是培训公司的人，而咨询公司的主力销售人员一定是咨询师本人。假如你去医院看病，没有见到医生前，一个卖药的人直接把感冒药卖给你，说是特效药，你肯定不会买单。所以，咨询师必须参与项目洽谈才能承接项目，才能更好地发挥自己的技能。

一、如何在洽谈时介绍公司

（一）情景案例

咨询公司客服部叶经理与咨询师王A一起去拜访金×公司李经理。二人做了充分的准备，带了公司的宣传册、出版的图书、介绍公司的PPT等资料。与客户见面后，两人先同金×公司业务主管和李经理交流项目情况。大家聊得非常愉快，还交换了双方资料。这时，金×公司李经理说："我们公司的赵总刚好在，你们的思路很好，跟他谈谈，把项目再推进一下，毕竟这件事最后得赵总做决定。"听李经理这么说，叶经理和王A十分高兴地答应了。

李经理带着他们到了赵总办公室。赵总很热情地接待了他们。坐下后，赵总问："先说说你们公司主要是做什么的。"这时王A说："我们公司是郝老师创办的，在1996年就成立了。当时，我们老板给人家打工，年薪50万元，还被各大报纸报道了，因此我们老板就成了名人。但是后来我们老板发现这是一个炒作，招聘他的公司根本不想兑现年薪50万元的承诺，因为半年后这家公司就辞退了我们老板。于是我们老板就同这家公司打官司，在被记者追踪这件事后，我们老板又出名了。后来我们老板就创办了这家公司。我们公司选择有实战经验的老师进行……"

赵总一脸茫然，追问："你们公司做过什么跟我们行业有关的咨询吗?"

王A支支吾吾答不上来，只好把目光投向叶经理……

（二）案例分析

（1）信口开河。从整个案例大家可以看出来，咨询师在有资料的时候会介绍，没资料的时候就乱介绍，而且凭自己的兴趣介绍，想到哪里说到哪里，说了很多，但无法击中要害。当客户还击时，咨询师就束手无策了。

（2）资料准备。如果需要分批见面，最好准备两份资料。可以约在会议室见面，方便展示 PPT，这样容易控制场面和掌控节奏。

（3）焦点混淆，把老板的光环跟公司的专业能力混为一谈。咨询公司一般是一个老板或几个合伙人创建的，虽然很多老板的经历具有传奇色彩，但这并不等于公司的专业能力就很强。没有真正弄明白客户想听什么，自然也就无法打动客户了。

（三）策略方法

那么遇到案例中的状况该怎么处理呢？下面笔者给大家细细分析。

1. 理解客户，分析客户

一般来说，客户心中的疑问有三个：

（1）你们公司主要做什么？就是你们公司的专业方向。客户要判断你们是否专业，是不是什么都做，是否能提供有实力的证明。

（2）你们公司做得怎么样？就是你们的专业能力怎么样，有没有客户口碑或者案例。如果有，是否跟客户的行业相关。

（3）你们公司是否有能力提供服务？即使你们的专业能力正好是客户需要的，也给大企业提供过服务，但是否适合，客户要通过什么才能判断出来。

如果你不能回答这些疑问（主要是内心的疑问），你就不能抓住客户的心，就无法产生共鸣、无法打动客户，也就无法促成合作了。

2. 对症下药，介绍公司

就案例来看，客户的问题用以下方法会迎刃而解：

（1）资深企业。我们公司 1996 年成立的，至今已经 21 年了，服务过众多 500 强企业，主要进行营销体系的建设，全面解决客户的营销难题。

（2）我们的营销解决方案帮助了很多跟你们公司情况类似的企业，在你们所属的行业中，服务过五芳斋、蒙牛、娃哈哈等知名品牌，而且这些公司还是你们的客户。

（3）我们公司与其他咨询公司的区别在于全是实战型咨询师，方法、策略更接地气，在业内拥有良好的口碑。

用这三个方法介绍比较好，不需要长篇大论，只要回答客户的关键问题即可。如果客户想要了解更多信息，可以适当地告知其他信息。

3. 角色转换，彰显专业

（1）角色转换。通过共鸣，把话题的焦点转移到客户公司的问题上。比如我们可以说："讲到这里，我想了解一下你们公司，贵公司市场规模有多大，人有多少，什么问题最突出……"

（2）彰显专业。借助公司做过的客户案例，说明如何解决客户现有的问题，从而展现自己的专业性。当然在没有调查之前，咨询公司的发言权是不大的，所以说话要留有余地，有的放矢。

（3）辅助工具。在自己的手机或 iPad、电脑中存储相关客户的资料和案例介绍，随时调用。在介绍的过程中，穿针引线，让客户跟随自己的节奏。引领客户的思绪，展现自己的专业性才是王道。

所以，通过多角度、多方面的介绍和交流，让客户看到自己的能力，感受到公司的专业性，争取主动权和客户的好感，为后期的合作打下坚实的基础。

（四）应用练习

一家专业做营销的咨询公司接到一个培训培训师的工作，而这不是公司的强项。你与人力资源部李经理一起去见客户。为了更好地配合，你负责介绍公司做过的项目，而李经理负责专业问题的应答。

但是，你并没有做过培训培训师的项目，那么你应该怎样介绍公司？根据前面的内容，写出你的解决方案。

百万思维

咨询产品是无形产品，如何把无形的产品变成有形的产品是咨询师的首要任务。而且，这个任务会贯穿于整个项目。

二、如何挖掘客户需求

在项目洽谈中，挖掘客户的需求是最重要的。如果搞不清客户的需求，那么后续的一切方法技巧都将无效，因此明确客户需求是项目洽谈的第一任务。

（一）情景案例

一位服装行业的客户曾经打电话联系过某咨询公司，恰巧这次到这家公司所在的城市出差，于是就顺道拜访一下。由于咨询公司的零售项目总监不在，咨询师 WK 负责接待客户。WK 之前是某服装公司的经理，对服装行业非常了解，听说和服装行业的客户面谈特别兴奋。WK 感觉自己终于有用武之地了，于是使出全部才能，从公司的品牌定位、产品库存、管理运营到终端导购的水平提升，滔滔不绝，讲了一个半小时，最后客户以赶飞机为由离开。

之后，零售项目总监看完会议记录问 WK：“客户到底有什么需求?”

WK 说：“他还没有说就走了。”

零售项目总监毫不留情面地说：“你是做什么的？客户需求都没有搞清楚，牛皮就吹上天。”

（二）案例分析

（1）经验导向。很多咨询师从自己的优势出发，凭以往的经验，就自我感觉良好地滔滔不绝。

（2）跳出圈外。做咨询要“望闻问切”，要像医生看病一样。符合自己的专业固然重要，但是服装行业的问题不一定要用服装行业的方法去解决。很多时候，圈内人比你更了解自己的行业，更希望从跨行业的角度去拓展自己的事业。作为企业的医生，咨询师不能把自己锁定在自己的圈子里，应该跳出圈外看圈内。

（三）策略方法

怎样才能真正地挖掘到客户的需求，让客户觉得你是他的知音呢？在这里，笔者提供几个方法：

（1）行业分析。通过对行业的了解，判断客户到底有什么需求，因为客户暂时没有判断自己真实需求的能力，要不然也不会找咨询公司了。通过行业趋势判断客户处于什么发展阶段，会产生什么问题。有时候，客户只知道现象，不知道问题的根源。请咨询公司，是因为客户想跳出圈外看看自己做得怎么样。比如由于淘宝、天猫的冲击，服装行业都有库存积压、周转不良的问题，而线下店面的经营很难，必须转型。客户是不是有这样的需求，还是他们转型转得不好，出现成本太高使利润下降等问题，这些都需要进行分析。

（2）耐心倾听。细致全面的倾听是发现问题的根本。每个人都有预设的判断，“望闻问切”要从细微之处入手。初次谈判时，尽量让客户多说，80%的时间用来倾听，20%的时间用来提问。

（3）开放提问。用开放式、傻瓜式的提问来了解客户。很多人谈判的时候把客户当成“傻子”，更有甚者会当面说客户“这你都不懂，这你都不知道……”，总是站在批判的角度与客户交流，把客户当傻子。傻瓜式的提问刚好相反，把自己当成“傻瓜”，让客户说得更多、更细致。比如“我们不太了解这个行业，贵公司能够经营这么多年，一定有很多成功的经验和独到的见解，能否说给我们听，看看我们能否帮上忙？”如此一来，客户就会开始介绍自己公司的情况。咨询师可以在这个过程中引导客户，介绍自己服务过的其他公司的情况，问客户是不是想另辟蹊径，深入细节。你深入细节，客户就会告诉你细节。

（4）两位“门神”。企业主要做两件事情——开源和节流。当我们挖掘需求、耐心倾听的时候，要弄清客户的发展阶段，看客户是处在品牌拓展阶段还是处在追求利润阶段，是处在提升效率阶段还是处在增加销量和市场占有率阶段。最后要落到两个点上，就是开源和节流。所以我们倾听的时候要注意把握，不能让客户的风筝飞得太远。

（四）应用练习

一家制造生产企业的业绩以往每年以20%的速度增长，而今只有8%的增长速度。该企业的领导试着分析多次，也不知道问题出在哪里。如果由你负责洽谈，请问你该如何准备一份洽谈的问题表格呢？

有人会说：“没教过怎么做表格啊。”前面告诉了原则、方向、问题，后面就要根据客户的行业、背景、跟业绩有关的内容设置表格。那么分析一下制造行业的业绩目标是怎样设置的，为什么现在的业绩下降了？请问你应该怎么问客户？

百万思维

不是别人没有说，而是你没有发现。不是没有教，而是你没有悟。发现需求与自我成长是一体两面，发现越多悟到越多，悟到越多发现越多。

在没有见面之前，咨询师根据《咨询初步沟通函》来收集并挖掘客户的需求。

咨询初步沟通函

为使项目组能够更好地为您提供专业的咨询服务，也使彼此的每一次沟通都具有价值，请您能够拨冗填写并及时反馈如下信息。这对于我们即将展开的沟通、未来的咨询合作都十分重要，项目组将严格遵守商业保密准则。

特此说明：本信息不会向任何第三方公开或用于任何商业用途！如果您认为有些信息不便提供，亦可不在此提供。

一、联系方式

公司全称： 公司地址：

联系人： 职务：

电子邮箱： 手机：

二、贵公司在营销方面的基本情况

1. 现有的产品线/品牌情况：

（1）核心产品/品牌：

（2）产品核心优势是：

（3）与竞品比较，产品的特点和核心优势是：

（4）请提供贵公司的产品外包装设计图样：

2. 近三年的销售收入情况：

（1）2015 年的销售收入是______________万元，备注：

（2）2016 年的销售收入是______________万元，备注：

（3）2017 年的销售收入是______________万元，备注：

（4）2018 年销售目标是______________万元。

①如有可能，请描述一下各产品的销售情况及所占比例：

②请提供贵公司产品价格体系表，可以用附件形式提供。

③目前贵公司的销售区域市场分布是：

重点区域市场：

一般区域市场：

问题性区域市场：

3. 产品的目标消费群或者客户是：

4. 贵公司的销售渠道情况：

（1）贵公司的产品销售全过程是：

（2）贵公司的销售渠道及目前的主要渠道有哪些？

5. 贵公司的整合传播情况：

（1）上一年度的整合传播投入大概是：

（2）投放的主要媒体渠道是：

（3）投入效果比较好的渠道是：

（4）主要传播、推广、促销的手段、途径有：

（5）传播、推广、促销的效果是：

6. 贵公司的组织及营销人力资源情况：

（1）请提供贵公司组织结构图及营销组织结构图。

（2）目前的营销人员数量是（　　）人。

①30岁以下（　　）人，30~40岁（　　）人，40岁以上（　　）人；

②本科学历及以上（　　）人，大专、中专学历（　　）人；

③具有5年及以上工作经验的有（　　）人，有3~5年工作经验的有（　　）人，有1~3年工作经验的有（　　）人，1年工作经验以下的有（　　）人。

三、关于贵公司总体方面的基本情况

1. 贵公司的核心竞争优势体现在：

2. 贵公司未来三年的发展目标及规划简述：

3. 您认为自身营销成功的关键因素有：

4. 贵公司目前在营销中面临的核心问题是：

5. 目前采取的措施和办法有：

6. 目前，贵公司在营销方面急需解决的问题是：

7. 请描述贵公司在自己所属行业的主要对标品牌是哪些？竞品的优势在哪里？

四、您希望项目组能够在如下方面给予帮助

1. 您希望项目组为您提供的服务包括：

（　　）①目标市场研究及企业全面营销诊断；

（　　）②3～5年企业营销战略规划；

（　　）③品牌规划及品牌运营实施与管理体系设计；

（　　）④产品战略规划及价盘组合设计；

（　　）⑤创新渠道模式规划、变革；

（　　）⑥整合传播规划与年度计划；

（　　）⑦区域市场开发规划及样板市场操作；

（　　）⑧营销组织建设及人力资源规划、创新管理手段设计；

（　　）⑨终端（包括专卖体系终端）营业能力提升规划及操作辅导；

（　　）⑩营销组合策略实施、全国或区域市场攻坚战术实施规划；

（　　）⑪营销系统执行体系的完善与提升；

（　　）⑫顾问式的营销全面教育训练、培训；

（　　）⑬企业商业模式、盈利模式、运营模式规划与设计；

（　　）⑭新品上市规划、推广及样板市场打造；

（　　）⑮品牌识别［VI］系统设计与应用推广；

（　　）⑯整体公关策略、执行专业传播服务；

（　　）⑰其他。

2. 您希望项目组介入贵公司开始服务的时间是：

3. 您希望营销咨询公司提供咨询服务的时间跨度是：

4. 您此次的费用预算是：

五、有关其他的资讯情况

1. 您是从哪些渠道了解到我司的？

2. 您可以畅所欲言。

在收到贵公司提供的资料后我司将安排项目分析会，并及时向您回复双方下一步的沟通与洽谈事宜。

三、如何在初步沟通时给客户留下好印象

（一）情景案例

在咨询师付A与客户进行简单的电话沟通后，客户说："我们公司就在上海，不如您来我们公司，我们当面聊。"付A觉得也很合适，于是就前往客户公司。

到客户公司后，付A感觉该公司规模不大，并且工作人员的穿着是清一色的西服领带。

付A想，看来是家暴发户公司，弄得跟保险公司似的，谁现在还穿西服打领带上班啊，思维一定很僵化。

在前台的带领下，付A见到总经理张总并开始沟通。由于张总谈的问

题都是付A很熟悉的，于是还没等张总说完，付A就急忙说："这个我知道，像你们这样的公司应该是先搭架构，进行岗位梳理，然后再进行绩效考核调整，实现公司化、透明化管理……"

经过几个回合的沟通后，张总说："我们的情况可能跟你说的不一样，你回去先思考一下，有机会我们再聊。"

付A觉得自己说得都对，而且也满足客户的需求，一定是这位张总听不懂，既然如此就算了。

请问到底是什么原因让付A失利呢？你也认为是客户"土"造成的吗？

（二）案例分析

（1）预设判断。在进公司之前，就判断这家公司好还是不好，专业还是不专业，犯了兵家大忌。付A心中有这样的刻板印象就是对客户的不尊重，带着这样的心理去沟通，就不会认真对待客户的需求，从而从整体上失利。

（2）企业文化不匹配。付A没有跟对方衔接好，换句话说就是我们与客户沟通，客户是什么样，我们就应该表现为什么样，俗气一点说就是"客户很土那么你也跟着土"。如果客户穿西服系领带，那么你也跟着穿西服系领带。如果客户穿休闲装，那么你也得跟着穿休闲装。如果客户是有形状的，那么我们应该是无形状的，应该是我们去迎合客户，而不是客户迎合我们。这样不是为了谄媚，而是为了更好地沟通，给客户留下一个良好的印象，开启大家的愉快合作之旅。

（三）策略方法

那么怎样才能给客户留下一个好的印象呢？笔者从以下几点说起：

（1）专业形象。一般来说，咨询公司咨询师的穿着都是以商务正装为主，并且所有服饰、行头都是品牌，用专业形象彰显个人气质，体现公司文化。当然也可以提前了解客户，做到知己知彼百战不殆，随着客户的改变而改变，迎合客户的喜好。比如到客户公司的网站去了解一下情况，初步分析下客户公司是怎样的风格和文化，根据客户公司的文化来确定不同的穿着风格。当然在洽谈时穿着庄重一点会给客户留下很好的印象。如果你觉得穿正装太正式、太呆板，那么可以选择稍微休闲一点的西装。

（2）尊重客户。我们尊重客户具体表现在以下几点：①在谈话的时候不要打断客户。在挖掘客户需求的过程中，就是要客户多说。如果你打断客户，使客户不能尽兴地把想说的说出来，那么我们得到的信息就会少很多。②尊重客户，他们才是专家。有的人一到客户公司就说这不行、那不行，胡乱点评。既然客户能做那么大，一定是成功的，只能说在某些方面需要你的帮助而已，因而不能不尊重客户。③真心接纳客户提出的需求和想法。你自已的内心没有接受客户，那么你的行为就会表现出来。并且会将这个信息传递给客户，使客户觉得你没有尊重他。所以，发自内心的尊重、欣赏甚至崇拜客户，你在很大程度上会与客户产生共鸣。

（3）赞扬成功。①对客户以往的成就表示赞扬。如“贵公司真是隐形冠军啊！”“哦，原来你们是这里的黑马啊！”“真是很幸运能够跟你们一起学习和共同成长。”“你们也不容易啊，拼搏到现在，竞争对手又这么强。您作为老板，压力有多大，我们感同身受啊。”真诚的赞美和情感的共鸣是留下好印象的有力武器。②与客户交流时，永远不要说客户做得不好，而是说双方的合作会让客户发展得更好，这才是我们共同的目标。各个角度的赞美是谈判过程中的润滑剂，这样大家交谈起来会更舒服愉快。

（四）应用练习

某建材公司崇尚道家文化，对员工很好，而你准备去拜访这家公司。为了能够给对方留下良好的印象，你应该做哪些准备呢？

道家文化比较随性和自然，你应该怎么办呢？

面对这样的场景，你应该怎样沟通才能给客户留下好印象呢？请大家分析案例进行自我成长吧。

百万思维

当你不专业时，要塑造外形。当你专业时，要塑造内心。当你想成为百万咨询师时，你必须牢记这句话——真诚的赞美和情感的共鸣是留下好印象的有力武器。

四、如何进行初步的洽谈沟通

（一）情景案例

客户公司的李老板、华总监及市场部孙经理一行三人来到某公司洽谈咨询合作。咨询公司对应的项目组成员进行接待，其中两位是客户服务人员，其他三位分别为品牌实战专家王老师、渠道专家李老师和终端专家龚老师。

在洽谈过程中了解到，客户做床垫加工生意，主要给希尔顿、香格里拉等五星级酒店供货，在行业内是很知名的企业，但苦于打不开终端市场，没有中间商渠道，使消费者没有途径购买他们的床垫。随着互联网的兴起，他们也尝试了互联网渠道，有2000多万元的销售额。虽然销量看着很好，但实际上利润很少，大部分都支付天猫、淘宝的运营费了。

这时渠道专家李老师说："网络销售的本质就是比价，所以低价竞争必死无疑。贵公司应该走的路线还是开终端门店，然后拓展全国市场。"而终端专家龚老师说道："终端门店建设是一个长期过程，像罗莱家纺、水星家纺等有1000多家门店，建设好要花几年时间，那时早就没有市场了，何况很多企业现在都在关店。"

客户见此状况，一脸茫然，沟通气氛十分尴尬。

（二）案例分析

（1）忌讳下定论。初步沟通不要给客户的任何行为下定论，一旦下定论就可能使沟通变得很困难。谈判技巧应该类似于“贵公司可以考虑三条路径：第一是开店但周期长；第二是产品区隔线上控制成本（在产品区隔线上控制成本还是区隔产品控制成本）；第三是进行异业联盟或同业联盟，从而快速拓展。”逐步让客户缩小范围，而不是只给一个方向，让客户无从选择。

（2）不否定队友，要进行团队配合。案例中的咨询师配合不够，即使有不同的观点，也要委婉地说，比如“我们看看这条路的反面是不是能更引起我们的思考”。如果咨询师的配合不融洽，很容易导致谈判气氛变得尴尬。

（三）策略方法

（1）沟通目的。记住初步谈判的主要目的就是了解客户需求。前面讲过如何挖掘客户的需求，如何注意自己的形象，这些都是以客户需求为准则的。然后通过自己的专业能力来打动客户，创造融洽的气氛。记住，不是表现自己，而是平等的交流，在交流的过程中展现自己的专业性。

（2）沟通协作。沟通协作的目的是挖掘客户需求。大家通过协作了解到客户的信息越详细越好，尽量把客户各个方面的信息都了解清楚。咨询师不要给客户下结论，要让客户对所有的结果都有所期待。不要说互联网做得不好，不要说中间渠道不好，也不要说他们公司开的这些店怎么样，无论客户有什么问题，你都要全部接受，因为客户不知道自己做得好还是不好。

（3）互相吹捧。同事之间要配合，你哪里做得好借同事的嘴说出来，互相夸。不要自己夸自己，要让别人夸自己，这样才容易塑造自己的形象。

（4）辅助任务。①初步沟通后要向客户索取部分资料，方便后期撰写项目建议。②要寻找内部线人，便于后期互通消息。所谓的内部线人是指当你要写报告时，还想多了解客户的相关信息时，那么就需要一个沟通方便、好相处的人来做中间的联络人，也就是内部线人。

（四）应用练习

客户一行人来到公司进行洽谈交流。客户的业务主要是做广东市场的纸品销售，由于历史原因，销售渠道特别复杂，因此希望重建渠道。你该如何进行初步的洽谈沟通呢？

大家可以从几个角度去考虑分析：①需要几个人呢？②如何把握谈判的节奏呢？可以按挖掘需求、合作沟通、资料索取这几个步骤去考虑分析。

百万思维

内部线人很重要。咨询项目需要更多队友的参与，特别是客户阵营中的队友。正所谓“知己知彼，百战不殆”。

五、如何参与单个模块的建议书撰写

（一）情景案例

公司十分重视某项目，把其当作战略项目，仅参加项目谈判的人员就有五六位。需求研讨会结束后，项目总监王总说：“这次的情况大家都清楚了，每人负责一个模块，××负责服务模块，××负责品牌模块，××负责市场模块……小赵，你刚刚来没多久，并且还是农产品专业出身，就负责行业现状这块吧！这个最简单了。”

小赵一脸茫然不知所措，心想这个模块最难了，怎么写啊？

（二）案例分析

（1）项目谈判。就是用项目建议书把无形的咨询项目变成有形的咨询产品，从而向客户收“钱”，也就是项目建议书是问客户收费的关键。客户通过项目建议书来判断你要做什么，你的收费是否合理等。

（2）项目需求。需求是对整体项目目标的理解。通过前期的交流和资料收集，锁定客户的需求。

（3）项目分工。一般情况下，大家需要合作完成报告的撰写，即使一个人撰写，也需要其他人来负责收集资料等事情。

那么在这种情况下，项目建议书该怎么写呢？

（三）策略方法

（1）迎难而上。参与就是提高，迎难才能成长，不会也要写，不写永远写不出来。没有谁一开始就是咨询师，一开始都只是某岗位上的人。像笔者的一位同事是大区经理出身，以前资料都是助理写的，现在当咨询师了，就得自己写报告，即使有可能他不擅长写作。

（2）拿来主义。公司以前肯定有相关的报告或模板，你可以找到以前的方案，套用以前的方案模板进行撰写即可，如需求理解、解决思路、行业分析、项目目标、推进流程、时间规划、费用报价、所需支出等。每一个模块都会有一个相应的模板，在网上能搜到很多，可以借鉴。当然，拿来不是复制，也不是抄袭，万一被客户发现你是抄袭别人的文案，那几乎就等于是失败了，得不到客户的信任。拿来只是借鉴一个框架，然后用自己的思想去填充。你认为这件事情该怎样做，把它写下来，然后逐步修订升级。

（3）研讨沟通。①与同事研讨沟通。你负责的这个模块如何承上启下要多和大家沟通，因为你负责的模块只是项目的一部分。②逐句润色，使其符合文案的语言和逻辑。有一些要注意使用的文案用语，如“我发现你们公司有很多不足之处”，这里的“很多不足之处”需换成文案用语，变成“有很多可提升的方面”，这样就会显得文雅一点。③方案提交。方案提交后，会有内部沟通。在部门交流中，同事都能帮助你。不要怕被笑话，千锤百炼后自然会升华。

（四）应用练习

服装行业某企业有终端店长、店员计1500人，想做终端营业力的提升咨询。其中培训模块的时间推进表由你来制订。明年需进行7场培训，一次培训三天两夜，请问你该如何制订时间推进表呢？

要求：包含甘特图列表、人员安排、费用预算等。

百万思维

文案是写出来的，不是想出来的。只有参与才能提高，迎难而上才能成长。不会也要写，不写永远写不出来。

六、如何收集项目谈判素材

（一）情景案例

一家卖爆米花的公司一年的销售额能做到一亿多元，现在该公司想打造自己的品牌。某咨询公司的项目总监钱A了解到这个信息后，感觉比较棘手，因为他完全不了解这个小众行业。

为了充分准备洽谈，钱A让咨询师周A收集信息，并对周A说：“给你一天时间准备，明天下午给我资料。”

第二天，正当钱 A 头昏脑涨时，周 A 来交资料了。

钱 A 拿到资料后，头更大了，10G 的资料里什么样的信息都有，一打开文件夹就差点发疯，里面居然还有 1996 年一个大爷卖爆米花的亲情故事。

钱 A 狠狠地批评道：“你这是给我收集资料吗？你这是把我这里当废品收购站了。”

周 A 很委屈，心想：我给了你 10G 的资料，你还想怎么样，你自己不是也不知道要什么吗？

（二）案例分析

（1）没有目的。案例中的周 A 是典型的没有目的性收集资料，为了收集而收集。

（2）没有分类。周 A 不会分类，没有整理，杂乱无章。

（3）没有逻辑。无论谁向你要资料，都要有自己的想法。咨询师面对的都是没有标准答案的问题，所以你一定要有自己的逻辑思路。在这方面，每个咨询师都可能不同。

（三）策略方法

在这里，笔者给大家提供几个途径：

（1）书籍，特别是核心的行业书籍。有时候客户在交流时就会明确推荐你看什么书，如他们会说“××书是我们老板推荐的，你们阅读一下。”这都是很重要的信息。

（2）网络。通过网络可以收集到大量的素材，后期有详细介绍，此处不做赘述。

（3）高人。所谓高人就是业内人士，让业内人士提供一些信息。对某些不懂的领域，你也可以请教朋友，也许你的朋友的朋友就在某家公司上班，能获得相关的信息或者类似的信息，这样你就可收集到更多的信息。即使收集不到你想要的信息，但是他一定能给你提供一个更贴近这个行业的方向，这也是很大的收获。

（4）分类。收集资料需要按照你写资料的模块来收集。比如需求理解方面的素材、解决思路方面的素材、培训实施方面的素材，要按模块把收集到的信息进行分类，放在不同的文件夹里，这样也方便别人查找。还有就是找关键词，比如品牌类的关键词，以品牌为核心，有品牌的 Logo、Solagon、定位，然后用这些关键词去搜索……

（5）形式。形式有很多，比如 Word、PPT、文章链接、视频。Word 文档方面的信息可能是最容易搜集的，也是最多的。PPT 可以用于一些未来的项目谈判，可能你将来需要写 Word 版或 PPT 版的建议书时能用得上。有些文章无法下载就放上复制链接，然后注明链接是关于什么的相关文章。视频也可以下载，比如优酷里的一些广告视频、宣传视频，都是可以参考的依据。最后就是对产品进行研究、收集信息。有的人不收集这些信息，而是直接去体验，到客户的公司或终端去看一下终端的店面到底是什么情况。比如案例中的咨询师可以去店里买爆米花，尝尝爆米花到底是什么味道的，看看店里提供什么服务，营业人员是什么样的状态，然后把体验写下来。

（四）应用练习

要见一个生产按摩椅的客户，你暂时没有接触过这类客户，但是项目总监让你收集与客户见面的资料。你该如何收集资料呢？

提醒：要收集按摩椅的全部行业信息，记得做好分类整理，并且要有指向性。

要点：渠道、模块、形式……

百万思维

咨询师面临的都是没有标准答案的课题，但是我们心中必须有寻找答案的路径。按“图”索骥在咨询领域是十分可取的。

七、如何针对不同行业收集销售谈判素材

（一）情景案例

项目总监陈A经过与MK瓷砖公司经理王B的初步沟通，了解到王B希望自己能去见他们总经理，但要求陈A根据所谈内容整理一份文件。

陈A答应了，于是开始撰写报告。在撰写报告的过程中，陈A发现有大量的行业信息需要了解，由于时间紧迫，便找到咨询师小黄说："我要给一位建材行业的客户写一份单店营业力提升的建议书，请你根据行业的特性，从品牌、产品、服务、陈列、导购等方面帮我收集一些资料。"

小黄用了半天时间收集了一堆资料，结果陈A发现都不能用，不但大部分资料是PDF格式，而且都已经过时。陈A郁闷不已，心想早知道这样，自己花一个小时收集到的资料也比这些资料好。

（二）案例分析

不了解行业，胡乱在网络上搜索信息，这种搜索方式是为收集而收集素材，因为有时候帮别人忙，态度就不认真。作为一名咨询师，入门的时候，收集素材就是学习的过程，所以在收集素材的过程中一定要有自己的想法，同样在收集素材的过程中也会发现很多新的东西，并学到很多新的知识。

（三）策略方法

第一，要掌握一些行业网站。例如建材行业的网站信息，如齐家网、搜狐家居网。不要只用百度搜索，因为百度搜索一般都会搜到百度文库里的信息，内容比较浅。搜狐家居网是建材行业里面比较专业的，所以建议在搜狐家居网里搜索相关信息。互联网行业网站有易观网、亿邦动力网

等，如果你想做O2O，这些网站一般都能帮助你。综合网站有百度文库，更适用于开拓思路，但专业性不强，所以不建议直接引用。

第二，信息鉴别。除全年的数据分析外，观点类的资料最多只能用互联网上最近三个月甚至三天的信息，因为有的数据变化太快，特别是重要的新闻信息。咨询行业的更新速度特别快，因此要不断地收集最新的信息。

第三，跨行业借鉴。假如你接到的是建材行业的项目，那么你就将服装行业的管理方法、用人方法、品牌管理策略用于建材行业。因为建材行业的要求标准相对来说没有服装行业的要求高，这样的跨行业借鉴可以收到意想不到的效果。还有就是利用行业“老大”的信息与同行业的其他企业谈。

（四）应用练习

线下某实体店想开展互联网营销，发展自己的O2O事业部，主做餐饮。在谈判过程需要用到你收集到的行业素材，请试试收集素材吧！

友情提示：不要忘记行业网站。

要点：行业网址、跨行业信息、信息鉴别。

百万思维

对于初级咨询师来说，收集资料就是学习，就是成长。你应该没有理由地爱上这个环节，开启百万财富之旅。

八、如何在洽谈中发挥自己的作用

有时候初级咨询师作为项目组成员出场，会发现很难在洽谈过程中插上嘴，觉得没有自己的用武之地，那么怎样才能在沟通洽谈过程中发挥自己的作用呢？

（一）情节案例

胡 A 原本是一家食品公司的华东区市场总监，刚刚跨入咨询行业。一天，工业品行业最大的机床生产企业来公司讨论营销转型的项目。

项目总监陈 B 对胡 A 说："你也来参与一下吧，到时候有你懂的就谈谈。"

胡 A 来到会场后发现，客户公司的人员全都是副总裁级别的。自己公司的老板和客户公司的董事长、项目总监跟客户的副总裁聊得正欢。胡 A 看没有同自己一个级别的，而且自己对这个行业一窍不通，不知道要聊些什么，只好默默无闻地记笔记。

会后总监陈 B 说："你怎么像一个木头似的，要多说话，这样的状态还不如不让你去。"胡 A 听了此话郁闷不已。

（二）案例分析

（1）没有准备。从跨行业的角度看，食品行业的管理水平要比工业品行业的管理水平高很多，有可能胡 A 随便说出几点关于食品行业的管理方法就能够打动对方。

（2）畏惧心理。初级咨询师一遇到大领导、大老板，就感觉自己比对方矮一截，认为对方作为工业品行业最大企业的领导肯定很厉害，因而没有自信发表意见。

（3）对自己的优势认识不足。客户是来请教的，不管你的地位高低、年龄大小如何，只要你能够说出有用的信息就好。而且越是高层的人，他们对于基层的人越尊重，所以不用担心，可以尽情地发挥自己的能力。

（三）策略方法

（1）提前准备。

第一，硬件。准备行业的资料，提前查看。如在客户公司网站上看客户公司的简介，看有没有招聘信息，招聘什么样的人，人员流动快不快。

还有就是查看行业数据等。

第二，软件。所谓软件就是丢掉畏惧心理，准备将要发言的话题。比如对管理比较了解就准备管理方面的话题，对产品了解就准备产品方面的话题。总之，对什么了解就准备什么话题。

（2）把握原则。初级咨询师可以把握以下几个原则发挥自己的长处：

①初级咨询师参加洽谈多是负责会议记录、文稿整理等工作，可以发挥自己细心的优势。

②必须积极主动、见缝插针地发挥自己的作用。

③尽量少说，洽谈时发挥一两次得到对方回应后再扩展比较好。

④切忌滔滔不绝。因为你可能看到的是某一个行业的一部分，虽然你在之前的行业做得很好，但在其他行业里你还是一个新人。所以，在对行业的了解不是很清楚的情况下，尽量少说，以精说为主。

（3）观点明确。

①观点明确、逻辑清晰，不拖泥带水。如“我操作过这项业务，是这样的情况，最终要练就什么样的功底”。

②运用框架：个十百千万、三点式、五个应该、两个凡是。

个十百千万：“我们的目标是一家公司打造十个品牌，销售团队有一百个业务员，市场区域包括一千个乡镇，年销售额有几千万元的收入”，使用这种框架。

三点式：“我说三点：第一点是原因，第二点是观念，第三点是我的想法和思考。”

五个应该：“我觉得公司要想转型就应该做到五点：第一点是领导层要有决心，能不能将事情推行到底就要看领导层有多大的决心；第二点是我们要在终端支持；第三点是要有资源；第四点是我们要与外部机构合作；第五点是我们要通力研讨。”

这样的说辞会让客户觉得你很专业，这个时候你要用自己的逻辑和观念打动客户。

（四）应用练习

有一家五星级酒店需要进行营销咨询，恰好你曾在某大型连锁经济型酒店任市场运营经理，请问你该如何发挥自己的长处呢？

疑问一：虽然是同行业，但是量级不同。

疑问二：还不知道客户派什么人来谈判。

要点：积极准备，有条有理，不卑不亢。

百万思维

积极入局、乘势而起，任何一个百万咨询师都要经历这个过程才能成熟起来。

项目洽谈总结

项目洽谈的目的是成交，使双方达成合作。但是这里要讲的是咨询师如何在项目洽谈中发挥自己的长处，为成交添砖加瓦。作为初级咨询师，你可以发挥的空间不大，不是因为你的能力不足，而是要先调整思路，有咨询的思维“套路”。

第二节　项目启动

一、如何认知项目启动会的重要性

（一）概念描述

项目启动会就是签订项目合同后，以一种正式的形式告知双方公司的相关成员要做什么，要做到什么程度，要达到什么效果的会议。根据公司和项目服务内容的不同有很大不同，小公司就是几个核心人员加老板开一次说明会，而几千人的大公司一般会在比较正式的会议上说明所有服务内容或主要解决的问题。

（二）情景案例

咨询师赵 A 经过多次谈判沟通，与客户达成协议，用一个月的时间帮助客户华南分部做一份市场分析报告。由于谈判时间过长，签约时已经到 12 月初，这意味着第二年的 1 月 1 日就要拿出报告，于是客户提出来不用去总部，直接到市场做调查。赵 A 也觉得可以，就答应了。

然而，到区域市场后，客户各个部门根本不知道赵 A 他们是来干什么的，以为是年终审查组，非常警惕。咨询小组与区域市场人员做访谈沟通时都要说明不是审计调查，是市场帮扶，要花费很长时间才能打开僵局。赵 A 感觉这样不行，工作推进很困难，于是要求总部李主管发送群邮件说明项目组情况，然后再去进行市场访谈工作。

等邮件发过后，有不少人知道了项目组情况，但仍有很多同事不知道，即使知道的也是一知半解。由于个人理解能力不同，对公司邮件的理解有很大不同，赵 A 他们要解释的内容反而更多了。这样的进展速度令赵 A 郁闷不已，而又无计可施。

那么到底是什么原因造成了这样的困境呢?

（三）案例分析

从案例中我们可以看出：

（1）赵 A 的协调能力差，放弃自己的原则。项目启动是非常重要的环节，因为“好的开始是成功的一半”。

（2）赵 A 没有控制项目主动权。客户请咨询师是来解决问题的。客户是“病人”，咨询师是“医生”，既然请我们看病就要听我们的意见，没有听“病人”指挥的道理。病人只需要说明病情和想要达到的状态，其他一切都由医生来掌控。

（3）项目启动会是造势的最好形式之一，方便掌握主动权，让员工配合咨询师的工作。

（四）策略方法

（1）召开项目启动会。项目启动会是一个很重要的环节，让所有高层认可并统一思想。在会上可以提可能遇见的问题，还可以通过会议的形式塑造自己的专业形象，所以咨询项目组一定要把握好这个时机。

（2）从战略高度凝聚人气。从战略高度让整个公司都认为这件事情很重要，而且觉得能参与其中会很荣幸，见证公司的历史时刻。有了自上而下的势能，后期的工作开展起来才会比较顺利。我们在做咨询之前要把项目提升到战略高度，这样当我们去市场做访谈时，员工才知道你是总部派来的，才会尊重你。

（3）节约会议时间。由于启动会沟通起来比较高效，能够通过领导召开一级级会议将信息快速传播开来。比如总部开完会之后会下发一个文件，下面的部门收到文件后也会召开会议。通过会议层层传递，就可以把事情说得很清楚。等你到区域的时候，大家会非常配合。通过会议一次性地告知各个部门项目组的主要工作和定位，提高效率。不然每个部门都要进行沟通，浪费很多时间。

（4）启动会要请最高级领导来助阵。《孙子兵法》有云：“激水之疾，至于漂石者，势也；鸷鸟之疾，至于毁折者，节也。是故善战者，其势险，其节短。势其势险，其节短，势如扩弩，节如发机，故善战者，求之于势，不责于人，故能择人而任势。”请大家多多体会领悟。

（五）应用练习

天天食品项目签约了，项目总监张 A 说：“为快速启动项目，我们马上到市场去吧！”你深知项目启动会的重要性，那么该如何说服张 A 呢？

说服关键：高屋建瓴、聚集势能、彰显专业、节约时间。

百万思维

项目就是一局棋，不在于先出哪一个子，而在于你心中如何排兵布阵。阵势存于胸，棋局形于外，棋子所到之处，攻无不克。

二、如何洽谈沟通启动会事宜

（一）观念说明

项目启动会可以说是众多沟通中最高效的一种。但是请大家记住，在咨询当中，每一次的接触都不是小事情，都是展现我们专业性，达到我们想要的结果链条中的重要一环。

（二）情景案例

TG 项目签约后马上就要启动了，由赵 B 负责安排项目启动会事宜。于是赵 B 与对方负责人李 A 沟通说：“这次项目启动会希望贵公司的总经理能参加并发言，我们这边的总监到时也会参加。”

李 A 说：“我们总经理如果参加，那你们的总经理也应该参加，而不是总监参加。”赵 B 解释道：“我们总经理刚好在国外洽谈一个项目没办法赶回来，而项目不快速启动，恐怕时间不允许。希望您汇报一下情况，也希望大家有一个愉快的开始。”

李 A 说：“这样的情况我没办法汇报，还是你自己去跟我们总经理说吧！”

两天后，总监问赵 B 启动会事宜沟通得怎么样了，赵 B 委屈地说：“没办法，李 A 不汇报情况，现在还没定呢。我又不好给总经理直接打电话，真是进退两难。”

（三）案例分析

（1）咨询师赵 B 不会有效沟通，跟对方陷入口水战中，不但达不到目的，而且有损专业形象。

（2）李 A 虽然有问题，比如对待项目太不负责任，态度太生硬，甚至有些反对这个项目，但是我们不能说他不对。因为他在客户公司内部，懂企业文化，我们应该尊重他，理解他的难处，在开始时不要产生冲突。

（3）沟通方式单一。赵 B 在沟通工作中还有一个失误，就是单一地使用电话沟通方式，其实可以发出正式的邀请函。无论是谁我们都可以给他们发邀请函，这样对方必定会以正式的方式对待，因为这样显得很正规，而不是在电话里商量让总经理参加就参加，不参加就不参加。

（四）策略方法

（1）书面文件。书面形式可以迫使对方必须做出回应。笔者建议把需要参加的人员、要求、内容、流程等都以书面形式发给客户，也方便他们转发，更加有效地沟通。

（2）曲线救国。大领导一般都很忙，例如，笔者参加过很多项目启动会，经常碰到老板临时说来不了的情况。但是如果提前通知员工说老板不参加，下面的人就不会重视，所以可以先写上领导的名字，以引起内部人员的重视。

（3）邮件记录。利用邮件的形式记录双方沟通的过程，要比电话更加真实，让双方都有一定的约束。万一后期有事说不清楚可以查记录，而电话录音就不具备这样的作用。

（五）逻辑表达

我们可以这样说：“您好！李经理，您的难处我理解，但是贵公司既然花了咨询费用请我们做咨询，那我们就要对这次咨询的效果负责。我相信您也不想浪费公司的咨询费，所以我们必须共同努力，把这件事情协调好。您协调您公司的事宜，我安排我们公司的进度。您看这样，口说无凭，我写一份正式的邮件或邀请函，您帮忙转给贵公司总经理。至于是否参加，我们等贵公司总经理的回复，您看怎么样？”

（六）应用练习

在 YZ 集团公司营销战略变革项目签约后，双方决定召开项目启动会，其中就召开地点有分歧。YZ 集团认为在区域召开就可以了，而你所在的咨询公司认为要在集团召开才行，因为这样才会受到重视。你该如何协调各方呢？你的出发点是什么？你的沟通逻辑是什么？

百万思维

沟通是一种艺术，而不是技术。如果对方不能沟通，请相信是你的逻辑不对，应该调整视角，不断尝试，定能收获颇丰。

三、如何有效组织协调项目启动会

（一）概念解析

组织能力是指为了实现目标，灵活地运用各种方法，把各种力量合理地组织和有效地协调起来的能力，包括协调关系的能力和善于用人的能力等。组织能力是一个咨询师基础技能素养的外在综合表现。

（二）情景案例

DX 公司营销咨询项目洽谈已经结束，双方意见达成一致并签约。

项目组在DX公司总部召开完项目启动会后，开始分批奔赴各个区域进行市场调研工作。由于区域分部不了解项目情况，项目经理贾老师要求组织安排小型启动会说明情况。

于是，贾老师就与客户公司的对接人王经理沟通，说明召开项目启动会的目的。王经理就把能叫到的人都叫来了，结果来了店长、店员、设计师、安装工人一堆人。区域项目启动会从下午3点一直开到晚上11点，大家苦不堪言。结果不但没有起到增强信心的作用，反而让大家的信心大幅下降。

项目经理贾老师感觉到无限的压力，因为每个人有提不完的问题。

（三）案例分析

组织能力是咨询师很重要的一项能力，这一点与培训师不同。培训师只要做好课堂的组织工作就可以，其他的工作是培训公司和培训部完成的。而咨询师没有这种条件，有时候面临的情况比较复杂，需要临时应变组织安排的工作。从案例中看，贾老师犯了很多错误，导致无法有效地组织区域项目启动会。

（1）不懂组织的流程。贾老师不会没有组织能力，不然公司也不会让他带队，只是他的组织能力没有在此件事上发挥，所以这是有经验的咨询师和经验不足的咨询师之间的区别。贾老师没有把控过程中的每一个环节，或许他认为总部开过会了，大家也了解情况，所以只要让客户的人去安排就可以了。这种想法就大错特错了，因为在项目中，每个环节都是体现我们专业和展现自我的时刻。

（2）没有把握会议节奏。在没有前期准备和组织的情况下，能否把控场面是关键。咨询师要随时随地发挥自身的技能，只要发现自己有组织不妥之处，就应该用自己的现场演说技能弥补，而不是放任不管。

（四）策略方法

（1）高层沟通。一定要找到当地的最高领导人，即使找不到，也一定要打招呼。案例中的王经理权限不多，虽然他的态度很好，但是办不成事情。要找就找区域经销商、区域负责人，向负责人说明我们要做什么。沟通时可以这样说："我是总部派过来的项目组成员，想恳请您安排一次会议。"如果他自己没有时间，可以请他指派某人代他行使职权，情况也会大不相同。

（2）参与人员。大部分的项目启动会只要主要负责人听就可以了，同时还需要支持的平行部门参会，至于其他的基层人员就不必参加了。项目启动会不是谁有时间谁就来转转。请咨询师切记，我们是开战略研讨会，主要任务是定下一步的工作方向。

（3）会议控制。由于是临时性的会议，不太好组织，所以无论项目组是几个人，都要通过主持人把控好启动会现场的节奏。我们一定要牢牢掌握现场的节奏，要设计好什么人发言，什么时候讨论问题，什么时候结束，这样才能达到我们想要的结果。特别对于多数中小企业来说（笔者认为10亿元规模以下的都是中小企业），人员参差不齐，有的人发言语无伦次，讲完后自己都不知道说了什么，所以必须控制会议节奏。

（4）咨询师发言的时候一定要站起来。站起来的时候你就会自动想主导会议，协调整个进度和成果，以免无法控制局面。

（五）逻辑控场

1. 控场一：主持人控场词

"大家好，今天我们举办一个小型的项目启动会。想必大家都听说公司要做一个叫'微×行动'的项目，但很多人还不了解具体情况，所以今天我们进行一次系统的说明，大概要占用大家一个半小时的时间。首先请允许我介绍今天到场的领导和咨询公司老师，然后我们由贾老师介绍项目内容，并请咨询公司的老师组织大家进行项目关键内容的研讨，最后由我们领导安排大家的分工以便更好地完成这次项目。好，首先请贾老师上台发言……”

2. 控场二：咨询师控场词

“很高兴见到大家，有人说讲话就要站着讲，为什么呢？俗语有云：‘站着说话不腰疼。’这里开个玩笑，实际上是站得高看得远，在咨询界叫作‘站在高处看未来，站在未来看现在，站在现在做对事。’贵公司总部有极高的战略眼光，引进我们公司的项目是想带领大家进入一个发展更快的快车道。当然，我们作为第三方只是帮大家指方向，还请大家做好准备并且配合好。今天我们就来看看大家需要做哪些准备……”

3. 控场三：领导控场词

“各位公司同仁，听了咨询老师的介绍，大家应该理解我们要做什么，要怎么做了。下面我说下，公司是有决心做这件事情的，而且会坚持做，请大家调整心态，快速跟上步伐，搭上这趟高速列车，成就自己。下面我分配一下任务，市场部王经理……”

以上的逻辑话术要提前跟各个发言人沟通。如果你是带队的咨询总监，一定要在开会前就把基调和方向定好，预防出现意外。

（六）应用练习

福建某建材公司的项目启动会还没有召开，原定的人员、数量和要求就都有了变化。原计划参加会议的双方总经理都不参加了，只有总监级的领导参加，而客户各个部门的总监有十几个，我们只有一个。在这样的情况下，你要做哪些准备？你要如何协调现场关系？你如何应对可预见的各个总监之间的观点分歧？

百万思维

组织力是带领团队的人的第一能力，我们不要做亲自干活的人，要做亲自整合分配资源的人，让项目中的所有人都听从你的指挥。

四、如何展示项目价值与自我价值

（一）概念解析

（1）项目价值。项目价值是本次咨询项目应该达到的咨询目标，并且是客户认可的。有时候我们认为有价值但是客户认为没有价值，那就是没有价值。所以咨询项目的价值要结果价值和过程价值一起体现。

（2）自我价值。项目价值的输出是项目组的目标也是个人的目标，项目组没有达到目标但是个人或许会有更好的表现。

（二）情景案例

SM 项目经过三个月的洽谈沟通终于顺利签约，定于当月 25 日召开启动会。其中客户公司的副总裁级别会有领导参加，对此，项目总监何 A 很高兴。

何 A 在项目启动会上详细介绍了签约的过程，并非常感谢 SM 提供了一次很好的合作机会。

当项目介绍完后，客户公司的王副总裁道："原来找的是一家上海公司啊，我们应该找长沙或者安徽等地的公司。因为他们更加了解三级、四级市场，而这次主要是做三级、四级市场。"

何 A 面对这样的质疑无话可说，实际上他们咨询公司操作过很多三级、四级市场的项目。虽然何 A 后期极力挽回，却始终无法展现项目的核心价值和自己的个人价值。

（三）案例分析

（1）没有抓住要点。项目启动会的重点是展现项目的预期目标和价值，同时要告诉客户我们为什么具备这样的能力。虽然签约代表公司高层的绝大部分人是认可的，但是在项目启动会上会有很多没有接触过此项目的人，因而他们才是听众。前期跟我们洽谈的人不会反对，因为项目是他们引进的，他们希望证明自己是对的，证明自己选对了合作伙伴，所以我们要关注其他没有接触此项目的人的反应。

（2）没有灵活应变。何 A 总监要随机应变，说实话这个就要看功力了，可以通过前期的准备预演各种可能的问题来规避问题的出现。切记，项目启动会是一场没有硝烟的战争，随时都有阵亡的风险，当然也有征服的喜悦。

（四）策略方法

（1）塑造形象。在项目启动会上一定要把自己塑造成一个专家形象，首先会让客户觉得我们很适合这个项目。形象塑造要根据项目的要求塑造。如果是在工业品，建材，农产品，一级、二级或是三级、四级市场等方面有优势，那就举这些方面的案例。

其次方便做对比分析。我们经常在项目启动会上“吓唬”对方。所谓“吓唬”对方就是将客户与标杆企业对比。既然客户请你作指导，那就说明客户在某些方面与行业第一还有差距，这样可以以行业第一企业为标杆。如果客户是行业领导者的话，那么就用占比方式。一般行业领导者的市场份额占比不会那么大，最多也就 20%，有的行业第一最多也就占 3%，那么我们就想办法帮助客户将市场份额从 3% 提升到 5%，用数据说明客户现在的成绩还很一般，而且有被颠覆的危险。也可以从跨行业的角度进行比较说明。

（2）结果导向。所有的项目介绍都以结果为导向，也就是说，某一模块工作可以提升绩效，某一模块工作可以提升业绩，业绩通过哪几项来提升，向客户一一列举，这样可以更好地说服客户。

（3）个人价值。个人的价值因公司而不同，也可以介绍自己的经历和头衔，主要是经历、观点。有效果才有用，所以你一定要阐明自己的观点，以达到事半功倍的效果。

（五）应用练习

UH公司是一家消费品生产销售企业，主要做调味品，如酱油、味精、橄榄油等，现阶段需要做市场开发阶段营销咨询。在项目启动会上，双方领导商定让在场的每个人都发言15分钟，以便后期的沟通交流。在这样的情况下，你从什么角度去塑造公司形象？你要展现自己的哪些技能？你该如何展现自己和项目的价值呢？请你用文字的形式写下来并进行演说练习。

百万思维

无论是对客户还是老板或是家庭，个人都要向别人呈现自己的价值。没有价值的忙碌是得不到任何回报的。

五、如何给客户留下良好第一印象

（一）概念解析

第一印象是人与人在第一次交往中给对方留下的印象。第一印象在对方的头脑中形成并占据着主导地位，这种效应为第一印象效应。

（二）情景案例

CM项目经过洽谈后顺利签约。这一日项目组到CM公司总部进行项目启动仪式，并由项目总监王C进行项目介绍和解说。中途客户的区域总监刘A问："有项目前三个月的详细操作安排吗?"

项目总监王C说："有。"

项目经理补充道："我们两天后就能拿出来。"

客户区域总监刘A说道："项目都启动了，你们的计划还要等两天，速度太慢了吧!"

项目总监王C说道："不会的，我们是同步推进的。"项目经理补充道："您对我们的项目作业流程不了解，有时间我给你详细说明一下。"

这下区域总监刘A生气了："你说我不了解，我都做三个这样的项目了，合作的都是大牌的咨询公司。他们为什么有，而你们就没有呢?"

项目总监和项目经理都无话可说，场面十分尴尬。

（三）案例分析

（1）没有恰当的团队配合。项目总监和项目经理要默契配合，这时即使是真的没有做，项目总监应该责备项目经理说："我让你前天就做这件事情了，你怎么办事的?"然后项目经理可以说："我跟团队沟通了一下，觉得还是当面访谈后再做更好，省了其他的沟通成本，也是为了提高效率。"然后项目总监可以说："这个你要跟我反馈一下，不知道的还以为我们没有做呢。"这样的配合算是打圆场，回来后抓紧时间做。

（2）没有把专业能力展现给客户。有时候项目洽谈得很顺利，项目总监和项目经理容易松懈，觉得客户好说话。其实不然，做事情都是外松内紧，不要放过任何给自己的专业加分的机会。因而，团队配合得好，更是无形的价值所在。

（四）策略方法

（1）整齐划一。大家要步调一致，风格一致。穿休闲装，那么大家就都穿休闲装；穿正装，那么大家就都穿正装，以整体的形象出现，可以给客户一个良好的印象。

（2）分工明确。凡是有事情都可以找到合适的对接人，不要让客户觉得我们混乱无章法。不要什么事情都由项目总监一个人回答，要提前分好工。每一个人都负责一个专业模块，避免洽谈中出现一个人说，其他人不说的局面。如果谈判中只有一个人说，其他人都不说，就展现不了团队的配合。

（3）计划安排。有详细的计划安排，一定要有一个月内的工作内容，有两个月内的就更好了，让客户看到我们的工作流程、时间节点及所提交的成果。其中内容是可以拟定的，去的时候就告诉客户我们打算怎么做。如果客户说不行，我们再讨论分析。客户否定了没关系，我们不能失去方向，因为咨询是以我们为主导的，最终还要大家沟通达成一致。

（五）应用练习

KR 公司正式签约后，召开项目启动会，对方的项目对接人特别强调，到场的嘉宾很多，希望咨询项目组好好准备，到时候给公司全体员工留下一个好印象，便于后期工作的开展。请问，你知道该如何准备吗？

百万思维

任何时候，人与人之间的第一次接触都是以“貌”取人的。只不过根据人的层次不同，有的看容貌，有的看气质，有的看你的洋相。

六、如何锁定自己的对接人

（一）概念解析

对接人是在公司项目组与客户之间传递信息的人员，是咨询公司获取信息、处理事情的关键人物。

（二）情景案例

咨询师沈A不断跟客户公司职员李B沟通项目推进事宜，而李B每次都答应说没问题，说会跟执行部门沟通，可是每次都没有结果。

项目总监丁A奇怪为什么项目推进得这么慢，于是找到沈A说："我让你催促推进项目事宜，你怎么都办不好啊！"

沈A委屈地说："我每次都跟李B说了，但是他答应后就是不推动啊！"

项目总监丁A听了火冒三丈，说："李B一个小职员说话顶什么用啊！你要找他们经理对接啊。每次都不找关键人对接，项目怎么会有进展呢？"

沈A觉得自己很委屈，心想我虽是咨询师，其实也就是一个小职员，不就只能跟职员对接吗？

（三）案例分析

（1）对自己没有信心。案例中咨询师对自己没有信心，导致不懂得如何与人对接。像我们做咨询的，扮演老师和顾问的角色，要有师者的风范。

（2）不懂得找谁对接。客户跟项目有关的人不止一个，谁能办什么事情，谁有这个能力，谁可以办好，我们要做到心中有数。

（3）不懂变通。在项目中作为咨询师不能一根筋，很多事情的协调都是多方面的，要找到合适的人。有时候客户公司会固定一个人对接，如果他不好对接，不帮我们办事情，那我们就需要找到其他人迂回作战。

（四）策略方法

（1）根据岗位排序锁定对接人。项目总监对接总经理，项目经理对接区域总监，咨询师对接主管，就算是普通的咨询顾问对接的也是主管级别人员，否则向下推行不了制度。

（2）根据领导意志锁定对接人。根据沟通需要，对接客户公司的项目总负责人，请其协调项目启动会、项目人员安排等问题。即使是最普通的咨询顾问去找客户公司的总监也是没有问题的，主要是要根据事情和领导的意志去对接，因为最小的咨询顾问都可以对接客户的总监。反过来说，如果咨询公司的总监去对接客户公司的主管，虽然人家很给面子，但是不好推行项目，因为客户公司对接人的级别不够。所以作为初级咨询师应该找到自己的对接人，往上对接，什么人该做什么事情。

（3）根据自己的个性锁定对接人。有时候对方都是平级的，可以在这一群人中就找你喜欢的，聊得来的，愿意跟你接触的人，这样沟通交流都很方便。

（4）征服所有人。无论我们跟谁对接，我们都要有征服的欲望，让他们在跟我们对接时感到愉快，有收获，能学到知识。

（五）应用练习

XD 公司项目已经签约，我们这边是三个人，而对方却派了 8 个人的小组一块作业。其中没有一个人是总负责人，都是平级，并且只有一位是以前经常接触的。这可令项目组头痛了，心想我们到底找谁对接啊！请问你会根据什么原则进行判断呢？你会用什么方法找出对接人？想想看。

百万思维

找对人，做对事，事半功倍，是成大事人的必备能力。

项目启动小结

“好的开始是成功的一半”，开头的表现一定要精彩，有气势，展现价值，给对方留下良好的第一印象，这样方便发现、找到有利于推进项目的对接人。

第三节　咨询角色

一、如何把握自己的咨询顾问角色

（一）情景案例

咨询师樊A原来是某品牌的华东区总经理，个人能力非常强，足可以独当一面。他刚刚进入公司就被领导派到恒×项目做项目指导，结果去了不到半个月的时间，差点使项目中断。原来客户投诉樊A不专业，没能力，说到做不到等。

公司很奇怪，于是让项目总监去调查、跟踪樊A的工作情况。

项目总监发现每次客户提出需求，樊A都是现场直接给出答案：“应该这么做，没问题，放心吧。我就是这么做的，而且当年销售额就提升了50%，相信我没错的。”只见客户一脸茫然，满心怀疑。

客户看他这么有信心，就说：“樊老师，请您跟我们领导说说，看看这样做行不行？”樊A满口答应，找各个部门领导沟通。虽然各个部门的领导热情接待，但是没有一个愿意执行。樊A被弄得焦头烂额，郁闷不已，心想这么好的方法怎么没有人愿意执行呢？

如果你是樊A，你知道问题出在哪里吗?

（二）案例分析

（1）当军师不当先锋。樊A相当于扮演了张飞一样的角色，来了就独当一面。但是毕竟在客户公司不是由他一个人说了算，想干活，必须要有资源和条件。所以樊A这种人是企业人的执行思维，没有咨询人的谋划思维。“运筹帷幄之中，决胜千里之外”才是咨询人的本色。

（2）没有把握好角色。樊A没有把握自己的核心价值，没有把无形的价值变为有形的价值。他自己必须做一个协调各方的人，而不是做一名帮客户员工干事情的人。说实话，由于你扮演老师的角色，所以大家都会给你三分面子。一旦进入内部，你真不知道水深水浅，因为很多人不买你的账。即使你做好了，在你走之后，他们自己会做吗？还是不会做。所以我们要在外部指导他们完成某项任务，而不是自己亲自去干活。

（三）策略方法

（1）具备咨询思维。咨询师要做到“望、闻、问、切”，对客户提出的任何一个问题都要系统地解决，而不是针对某一点给客户解答。因为从咨询人的角度来看，任何一个问题都是系统化的。在没有做需求调查前，无论你的经验多丰富，方法多正确、多符合客户，都不能轻易说出，而是要尊重客户，运用各种工具进行分析诊断再给出结论，同时以客户为中心，全面分析可能发生的事情，从客户自身的情况分析，判断它能不能做到。

笔者听过这样一个故事。

一个学生问他的老师：“老师，昨晚我见一个盲人打着灯笼走路。他明明看不见，打灯笼有何用?”

如果老师的回答是“他是怕别人看不清路”，这是儒家的回答。

如果老师的回答是“他是怕别人撞到他”，这是墨家的回答。

如果老师的回答是“他认为黑夜出门就必须打灯笼”，这是法家的回答。

如果老师的回答是“他认为想打就打顺其自然”，这是道家的回答。

如果老师的回答是“他借此开示众生”，这是佛家的回答。

你用不同的思想改进的可能是同一个问题，所以咨询师要掌握咨询思维。

（2）充当顾问指导。咨询师主要是提建议而不是执行具体的操作，否则会陷入死循环。所以千万不要掉进执行的死循环里去，因为你始终不是客户公司的内部人。除非客户公司任命你为客户公司的执行经理，让所有人都服从你的指导。没有执行命令，你只是一个权威，只是一个专家。“不在其位，不谋其政”，要让客户公司内部的人去沟通、执行。

（3）系统输出。咨询师输出的成果是系统，其组成的要件是方案、制度、流程、报告等。这些才是有形的价值，而不是具体的某个小事。

从医生的角度去“望、闻、问、切”，现场亲临指导，再以文件的形式形成有形的成果，这是一个咨询师具体要做的。

（四）应用练习

诸葛亮：“光说不练，有本事你给我杀一个人去？”

姜维：“你是有文有武，但是你是败军之将，你给的策略管用吗？”

张飞：“你的方法只有你能用。我连5斤的枪都不会耍，你说用60斤的矛，我怎么用？”

你是否知道如何把握这些角色，而又让自己不迷失？

百万思维

生活工作中有各种角色，只有把握好自己的角色才能游刃有余。

二、如何赢得客户公司员工的信任

（一）情景案例

HA 项目是公司的战略项目，因此大家就市场营销团队重组达成一致意见。按照计划，客户公司安排项目组在启动会后到市场进行一个月的调研。一个月后，项目组刚刚回来就接到客户公司的要求，建议先进行一次印象性的交流。于是项目总监张 B 带领团队参加了交流会。在会上张 B 被 HA 公司总经理批评道："你这一个月到市场做什么去了，是不是喝酒去了，怎么连基础的信息都有出入啊！"

张 B 叫苦不迭，心想一直在跑市场，回来后还没有来得及形成正规方案就交流，说了只是探讨，不是提交成果，怎么现在就开始批评了呢？虽然事出有因，但也是"哑巴吃黄连，有苦说不出"。

（二）案例分析

张 B 对项目的运作过程理解不深刻，客户不是说交流就仅交流，而是认为你给出的都是观点和结论。在咨询过程，由于双方没有建立信任，所以客户才在一个月后临时要求项目组展示一些成果，看项目组到底是不是在做事情。

（三）策略方法

（1）专业有底线。按照自己的专业行事，比如自己没有做好的成果就不提交，也不展示，否则只能适得其反。

笔者曾经去某企业服务，同时他们还和另外一家咨询公司合作。这家企业很自豪地跟我们说："你看那个咨询公司原计划是今天来汇报的，可是由于他们内部没有达成统一，说交出这样的成果是对企业的不负责任，所以把时间推迟了。”

可见，有原则、有底线的企业是会得到客户尊重的，而不是任由客户说了算，打乱自己的节奏。

（2）行必有果。每个阶段都要有成果。每天的调研可以形成简单的调研数据纪要，到展示的时候，可以让客户看，甚至可以让客户签收。有些不正规的企业会耍赖，或是当企业内部的项目负责人更换后，会不认账。所以让客户签收阶段性文件，以防万一。

（3）定时反馈。客户最害怕咨询师一跑没影了，联系不上，所以咨询师在咨询过程中多沟通并提交自己的发现和想法是赢得信任很有效的一种方法。

如果读者觉得不怎么直观，那么举个笔者实际操作的例子给大家说明一下。

名称	修改日期	类型	大小
1、全椒市场走访调查记录粗稿（2014年8月17日）	2014/8/17 23:09	Microsoft Word ...	17 KB
2、定远市场走访调查记录粗稿（2014年8月18日）	2014/8/18 23:08	Microsoft Word ...	20 KB
3、合肥大区访谈记录20140819	2014/8/19 22:26	Microsoft Word ...	501 KB
4、芜湖大区南陵县调研记录20140820	2014/8/20 23:08	Microsoft Word ...	495 KB
5、苏宁宣城郎溪店记录20140821	2014/8/21 22:02	Microsoft Word ...	497 KB
6、青岛即墨店2014-8-23(1)	2014/8/24 20:35	Microsoft Word ...	486 KB
7、青岛胶州店2014-8-24	2014/8/24 21:13	Microsoft Word ...	495 KB
8、重庆大足区访谈记录20140823	2014/8/24 20:35	Microsoft Word ...	487 KB
9、重庆铜梁县苏宁访谈20140824	2014/8/24 21:15	Microsoft Word ...	486 KB
10、济宁曲阜店2014-8-26	2014/8/26 23:03	Microsoft Word ...	499 KB
11、内江大区泸州叙永店调研记录20120826	2014/8/26 22:24	Microsoft Word ...	486 KB
12、济宁汶上店2014-8-27	2014/8/27 23:42	Microsoft Word ...	497 KB
15、唐山大区及唐海开滦店2014年8月29	2014/8/30 23:42	Microsoft Word ...	499 KB
16、广东中山台山苏宁店调研20140830	2014/8/30 23:32	Microsoft Word ...	484 KB
17、邯郸武安店2014-8-31	2014/8/31 22:25	Microsoft Word ...	484 KB
18、石家庄大区培训负责人2014-8-31	2014/8/31 22:26	Microsoft Word ...	484 KB
19、中山大区开平市调研记录	2014/8/31 22:30	Microsoft Word ...	487 KB
20、广东中山大区访谈20140828	2014/9/5 13:19	Microsoft Word ...	487 KB

图 1－1　市场访谈过程纪要

图 1－1 是笔者曾经给苏宁做过的关于三级、四级市场开发项目的市场访谈过程纪要。笔者当时跑了 20 个区域，走访了将近 30 家店面。每走访一家店面就会写一份走访店面初稿。走访店面初稿包括品牌、市场竞争、店面环境、人员管理等，至少十几项类别，也包含笔者对走访店面的直观感受、印象、想法。读者通过文件的保存时间可以看到，笔者在这 20 天里几乎每天都写，白天跑市场晚上再把内容赶出来，通常都要写到晚上 11 点

左右。因为这样的努力也赢得了客户的信任，至少这些证明笔者没有偷懒，没有天天出去跟区域经理喝酒聊天。

（4）小小“苦肉计”。有个小技巧，或许你的工作在晚上 8：30 就做完了，但是不要马上发送，等到 11 点再发，这会让客户觉得我们很辛苦。这种手段让客户感觉你也不容易，这么晚了还在工作，没有功劳起码也有苦劳，可以赢得口碑。

（四）应用练习

WVI 公司的人力资源组织提升咨询项目中，由于前期谈判的王总监因个人原因离职，所以现在由你担任替补总监。你跟王总监从能力各个方面相比都有一点距离，请问你该如何在操作过程中赢得客户的信任呢？

百万思维

做事有原则、有底线，在咨询过程中不断反馈信息，是赢得企业信任或是他人尊重的基础。

三、如何应对客户的新增需求

咨询产品不是一个固定化的产品，而是一个变动性很大的产品，因此最初的合同约定往往会有变化。因为个人的理解不同，客户往往会在咨询过程中提出超出合同范围的需求，这对于咨询公司来说是新增需求。

（一）情景案例

项目总监田 A 由于家里有事情需离队一周，让咨询师李 C 负责项目事宜。这一日，客户公司经理陈 C 来找李 C 说：“我管理的广东市场效益一直不好，这次走访市场要不也去我们区域看看吧，顺便帮忙分析一下，让我也好有个调整的方向。”李C见陈C这么客气就答应了。

等田A回来后，李C向田A汇报项目进展情况，顺便说了自己答应陈C去他管辖的市场看看的事。田A不冷不热地说道：“你觉得这是比较简单的事吗？那是因为你了解得太少。因为他的两句话，我们要多干20天。反正这个活不能接，也不在我们服务的范围之内。你自己想办法回绝了吧！”

听到这话，李C有些左右为难，进退维谷！

（三）案例分析

（1）经验不足。客户捧一下，你就不知道北了。客户再很客气地提出一点需求，你就不好意思拒绝了，于是出现了案例中的问题，没有对客户提出的新需求进行冷静分析就答应了。

（2）界定不够。咨询师对项目的边界界定不够，所以对新增需求不敏感，草率决定。在项目过程中要时刻小心，因为任何一点新的需求都会对项目产生影响。假设李C去了，那就要认真去做。客户虽说随便看看，但到评判结果的时候，不会以随便的标准去评判。如果李C做得不好，客户只会说对这次的结果不太满意。事实上任何一个项目都需要从头到尾认真地去做才能做好，所以这种临时性的需求必须认真对待，而不是随口一说。

（四）策略方法

（1）答应。一般情况下我们不满足合同以外的需求，所以需要委婉地拒绝。但为了缓和关系，提高满意度，顺利收回项目款，可以满足客户的一些小请求。答应归答应，但要看怎么答应，要明确是帮忙，不增加新的费用。人情面子还是要的，让客户感激我们也是不错的收获。

（2）不答应。要考虑新增需求的性质。如果是不太费工作量的小需求，能满足尽量满足。如果是需要花大量时间的大需求，则要说明情况，并引导客户签订新的合同。我们可以委婉地说明新需求不在我们的专业范围，无法给出好的建议策略从而拒绝。

（3）转介绍。根据客户提出的需求，尽量想办法转介绍给他人，这样对谁都好。

（4）拖延。有些不太要紧的需求而且明显是客户的一时兴起，可以先让客户把注意力转移到现有的重要需求上来。随着时间的推移，客户的需求还会变化，所以没必要在开始的时候争得面红耳赤，让时间来解决。

（五）应用练习

你是KP项目的咨询师，主要做管理项目咨询。由于跟人事经理小王聊得很不错，于是小王经常向你请教问题。有一天，小王头昏脑涨地来找你："我们公司的岗位职责部分让我很头痛，反正你做管理咨询的，不如帮我规划一下好了。"管理咨询涉及人力资源，但不涉及这么细的岗位职责，请问你该怎样回复呢？

百万思维

在复杂的变化中，把握边界才是重要的，才能让你立于不败之地。

四、如何塑造自己的专家顾问身份

思考：

（1）塑造专家顾问身份需要哪些要素？

（2）塑造专家顾问身份的难点在哪里？

（3）塑造专家顾问身份的方法有哪些？

（一）情景案例

KG项目是单店营业能力提升项目，其中咨询师WK要负责编写5本终端手册。但是客户公司要求5份终端手册要一起完成，并派了5个人进行协助与学习，以便共同成长。

WK想，这下方便了，就让客户公司的人先编写，自己来修改就好了。

于是WK给5个人分配任务，谁知其中两个老员工并不买账，说道："我们来学习的，不是来给您干活的，还是您先写，我们协助收集点资料什么的吧!"

WK想说得也对，于是让他们去收集资料自己来写，然而每写一个模块5个人都以学习为名拿去阅读，挑出不妥之处并给予建议。这下可好，局面成了WK一个人干活，5个人在监督他。

WK感叹道："我哪里是什么专家顾问啊，都成了考场的小学生了。"

（二）案例分析

（1）不会管理自己和客户。学习最好的方法就是参与、实际操作，不会管理自己和客户就会造成本末倒置的局面。这样的结果是客户公司的员工干些琐碎的零活，到头来没有成长。以他们的角度和专业程度，是不能评判咨询师的。他们需要参与，但以案例中的方式参与一定是不妥的。

（2）不懂塑造自己的权威。这些人是来学习的，要想真正学到东西就要谦虚学习，但需要一个过程。从咨询师的角度说，要树立权威让他们信服你。因为不是他们自己愿意学而是老板让他们学的，所以我们需要帮助他们转化思维，才好安排任务。出于个人的经验，笔者不希望带客户公司内部的人，因为教育起来太累，而自己直接做完就完成任务了。但是出于自我成长的目的，我们要锻炼自己这方面的能力，必须迎难而上，不断成长。

（三）策略方法

（1）树立专业的形象。专家要有点文气，要谦虚，要有点倔强的个性，要有干练的形象，要有专业的配备，如品牌眼镜、苹果电脑、派克钢笔等。

（2）做好专业应对。对行业有深入研究，但是不要一下子都说出去。客户问什么就答什么，到关键点的时候再告诉客户，要根据不同的人说不同层面的内容。

（3）做好专业管理。管理好跟你接触的人，让他们为你做事情。对于案例中的 WK 来说，首先是开会提示本次编写终端手册的重要性。比如终端手册能如何帮助公司成长，客户公司领导对此有多大的期许。其次塑造自己。比如“本人已经编写多次，这次希望把大部分的工作交给各位，我做些指导，这样各位既提高了撰写终端手册的能力，又可以把公司内部的精华案例编写进来，让终端手册更加贴近实际”。最后给予荣誉，告诉大家“终端手册编写完成后要刊印并全国发行，到时候大家的名字都会在上面，等你们到各地出差的时候，也会为今天的付出感到自豪的”。

（4）以专业征服对方。以专业征服对方要找准时机，比较好的时机是当某人对自己的专业沾沾自喜，在你面前炫耀时，或者他认为自己已经做得很好，写的手册没有什么可修改的时候，这时你花几个小时的时间给他做批注，将整个手册变成红色，然后在小组面前展示，提醒大家注意标注的细节问题。

（四）应用练习

你是一个刚刚毕业一年的学生，到咨询公司 TL 公司实习。现在公司让你正式进入一家客户公司做项目，请问你该通过什么方式来塑造自己的专家形象呢？

百万思维

任何专业的身份都是通过行动塑造出来的，而不是从口中说出来的。

五、如何训练自己的咨询技能

思考：

（1）做咨询主要需要哪些技能？

（2）技能训练的难点有哪些？

（3）技能训练的方法有哪些？

（一）情景案例

古A到咨询公司三个月了，可是工作能力总提高不了。

这不又被项目总监批了："你来三个月了，干什么了，自己不会学习的吗？这报告中只有标点符号不用改，其他的都要改。难不成你让我天天手把手教你啊！那还不如我自己写呢。"

古A流下了委屈的眼泪，心想本来以为咨询公司学习氛围很好，会有人教自己，没想到恰恰相反，连一次系统培训都没有就直接干活。我哪里知道这报告怎么写啊！

如果你是古A，会不会觉得项目总监有些不近人情呢？

（二）案例分析

（1）思维不端正。古A不能提升的关键是自己。自我提升的关键是自己要知道如何利用周围的环境和压力学习和成长。

（2）系统与零散。咨询知识的学习，只有套路没有道路，因为很多框架是系统的。道路都是自己走出来的，因为同样的项目在不同的公司，会有不同的操作方法和策略。学习只有套路，并且学的东西也只是技术和基础技能，因此要想快速成长，必须自己领悟。

（三）策略方法

（1）第一个技能训练——写。写的训练从写日记、项目介绍、项目启动会的新闻稿开始。以前的职位是领导层的人会比较好一点，因为他们自己本身会写一些东西，比如当天的心得、项目体会等，提升得可能会快一点。如果以前的职业主要是销售，那就要从头开始。万事开头难，坚持就会有收获。

（2）第二个技能训练——说。一有机会就上台，在台上提高自己的公众演讲与演说能力。但笔者希望大家去系统地学习演说类的课程，这也能帮助大家更快地成长。

（3）第三个技能训练——判断。判断和诊断是要功力的。要多研究，从一个行业整体的角度去看问题，才能判断得准。

下面举一些笔者自己的案例。

笔者在 2002 年写过这样一句话："记录下自己的每一个灵感，因为它们都是上天的恩赐。"从那天以后，笔者每天坚持写心得日记，并且写了 6 本日记本，后来改用电脑，一直坚持到现在。笔者每年写 10 万字左右，现在已有上百万字。目前对于笔者来说，写东西可能没太大问题，但要系统地写一件东西还是有难度的，笔者建议大家从新闻稿开始。

最后由联纵智达培训总监戴亚柱老师讲解《赢在终端——店面运营篇》，要想赢在终端，所有的内容都要在店面落地，只有把店面管理好才能真正的赢在终端。戴老师从店面的人员管理、销售管理、形象管理三大方面详细阐述了如何管理好一家店面，结合东鹏实际，从构建完整的店面运营系统入手，提供了完善的制度、流程与表格等管理工具，助力经销商赢在终端、决胜未来。

三位老师从终端战略、终端团队、终端运营层次深入，环环相扣，完美诠释了实战、实效、实操的营销理念，赢得东鹏高层及经销商团队的一致好评。

东鹏是最具有民族文化的瓷砖品牌，联纵智达是最具有本土营销特色的咨询品牌，相信两大品牌的合作能够创造出更加美好的未来，让中华品牌、民族品牌走向世界，展翅高飞。

图 1－2　笔者写的新闻稿截图

图 1－2 中的新闻稿写法是很简单的。所谓新闻稿就是项目播报，内容包含项目现在进行得怎么样，客户满不满意，公司领导对这个项目有什么

样的认可，然后发到网站上进行传播。

人要逼自己成长，同时放下自己。

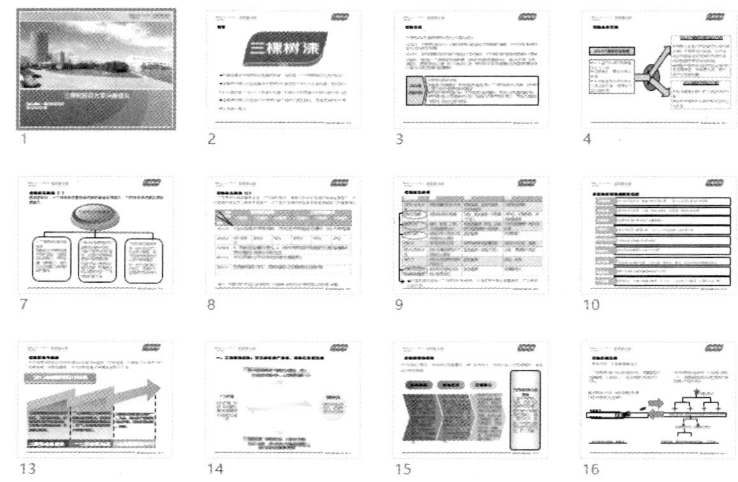

图 1 - 3　一位咨询师做的 PPT

图 1 - 3 中的 PPT 是一位咨询师做的。他曾经是大区经理，年薪几十万元，因为刚加入咨询公司，不会做 PPT，就请别人教，逼着自己成长。为了图中的 PPT，他做到手软，非常痛苦。想要学到更多的东西，就必须这样。后来他通过自己的努力，现在已经升职为我们公司的项目总监了，既具有实战经验又具有理论高度。

（四）应用练习

你是培训师出身，到咨询公司做咨询项目，公开演讲没有问题，但是写作能力就差多了。于是你打算苦练写作本领，那么制订一个什么样的计划才能快速提高自己的写作能力呢？

百万思维

从实践中来，到实践中去，勇猛无敌的将军是从战场中练出来的。

六、如何促进自己不断成长提高

思考：

（1）成长中不断遇到的障碍是什么？

（2）不断成长有哪些方法？

对咨询师来说，最后一个重要的问题就是要不断地成长，不断自我更新，才不至于被这个社会淘汰。

（一）情景案例

郑A是某公司的咨询师，之前在传统零售行业，对经销商管理、终端维护等问题都有很好的解决办法。

这一日来了一位客户要咨询零售食品市场的拓展问题，于是郑A带领团队进行接待。

在交谈过程中，客户说："现在的市场难做，受到互联网的冲击较大，三只松鼠的销售额居然可以达到1亿元。"郑A回答道："那是不可能的，什么品种的松鼠这么贵啊！"

郑A此语一出惊得客户目瞪口呆。原来客户说的是三只松鼠品牌，主要销售坚果等零食。这令郑A尴尬不已。

（二）案例分析

（1）没有与时俱进。人类经过了农业时代、工业时代、科技时代，现在来到了信息时代，信息变化得非常快。如果一个个体不能与时俱进，跟不上时代的步伐，必定会被淘汰，何况我们是咨询师，更需要与时俱进。

（2）不能自我更新。外界的变化要求我们与时俱进，但内因是自己能不能自我更新。如果不能自我更新，不能进行知识迭代，就会导致自己落伍，从而发生案例中十分可笑的事情。

（三）策略方法

1. 扩大知识面

作为一个咨询人员，一定要扩大自己的知识面。如何扩大，笔者提供三个方法。

（1）读书。读好书、读经典的书。如果看营销类的，那么一定要读菲利普·科特勒的《营销管理》。如果看职场类的，那么《高效人士的七个习惯》是必备。如果看销售类的，那么《最伟大的推销员》可以一读。如果想让思想有一定的高度，那么《老子》《庄子》《论语》《孙子兵法》等都要读一读。

（2）交际。结交好人、高人，结交一些比自己强的人，不要结交走下坡路的人。我们与比自己强的人交流，可以从中学到很多东西。像有的老板既不学习，也不看书，但是他每天接触不一样的人，也能成长。比如笔者原来公司的老板经常接触各个行业的人，都是行业的大佬级人物，相当于每天都进行头脑风暴，这样也会成长。

（3）网络。信息时代，大量的最新信息通过各种 App 客户端呈现在我们面前。我们要好好把握，让自己成为一个信息过滤的中转站，实现自己的小目标。如果每天早晨起来先看 30 分钟新闻，相信你会与众不同。

2. 多做项目，实践出真知

让自己快速成长的方式之一就是让自己多做事情。做得多，收获就多。本来你可以用三分的能力就可以让客户信服，但是你现在展现了三十分的能力，让客户感受到你的全面提升。

3. 与时俱进

做咨询要不断地成长，让自己不断淘汰昨天的东西，才能获得新的东西。现在互联网 O2O 的发展，我们也一定要跟上。

下面还是举些实战的案例吧！比如对 O2O 的研究。

图 1 -4 是笔者给某电商做的一个 PPT 方案。笔者不懂 O2O，也不知道怎么做，但是研究的案例无非就是淘宝、京东、苏宁易购这几家电商。

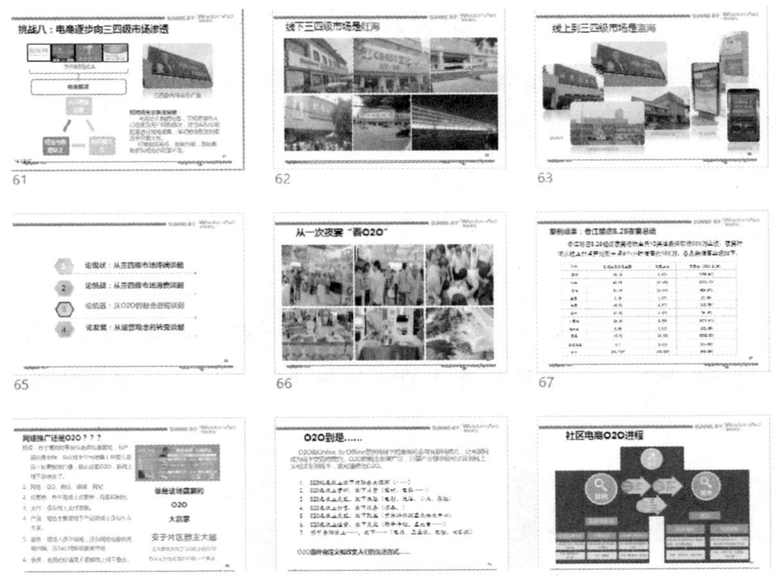

图 1-4　笔者给某电商做的 PPT 方案

通过这种研究，你也能不断地成长，不断地学习这方面的知识。这样，当你再做方案时，就容易多了。何况我们接的是其他的需求，O2O 只是其中的一个小课题而已。

"互联网 +"是创新 2.0 下的互联网发展的新业态，是知识社会创新 2.0 推动下的互联网形态演进及其催生的经济社会发展的新形态。"互联网 +"是互联网思维的进一步实践成果，推动经济形态不断地发生演变，从而带动社会经济实体的生命力，为改革、创新、发展提供广阔的网络平台。

通俗地说，"互联网 +"就是"互联网 + 各个传统行业"，但这并不是简单的两者相加，而是利用信息通信技术及互联网平台，让互联网与传统行业进行深度融合，创造新的发展生态。它代表一种新的社会形态，即充分发挥互联网在社会资源配置中的优化和集成作用，将互联网的创新成果深度融合于经济、社会各领域之中，提高全社会的创新力和生产力，形成更广泛的、以互联网为基础设施和实现工具的经济发展新形态。

《TOTO 智能卫浴引领新风尚》新闻稿

本报讯　2015 年 5 月 26 日，TOTO 人工智能卫浴产品闪亮亮相第 13 届中国国际厨卫展。人工智能让生活变得更加绿色，让“方便”变得更加方便，成为本次展会最耀眼的明星。

向来是厨卫展上明星企业的 TOTO，此次以“智能”为主题，向公众展示了包括花洒、龙头、可调节高度的洗脸台等各种类产品。在这些带给生活更多智能体验的产品背后是 TOTO 卓越的科技研发力量。智能卫浴代表之作的诺锐斯特·间依托的是 TOTO 领先于行业的尖端智能技术。屡获嘉奖的 4.8 升节水坐便器，依托的是 TOTO 出色的 Eco MAX 节水技术。无须依靠电池运作的感应龙头，依托的是业内领先的水力发电技术。具有防污、抗菌、防臭、自我清洗、净化空气功效的海洁特氧化钛瓷砖，依托的是 TOTO 拥有专利的海洁特技术及光触媒技术。

记者在 TOTO 展区体验诺锐斯特·间人工智能，靠近洗脸盆则灯自动亮，灯光柔和温暖。恒温自动水龙头自动切换冷热水，伸手就可迎来自动出水的连绵式瀑布水流。豪华智能浴缸则在肩部位置循环吐水，底部有气泡按摩，还能自动调节水温、水位。

“善解人意是它的特色。当你走近时，马桶盖会自动打开。如厕后，会自动冲洗，自动关闭马桶盖。它甚至了解其间过程是怎样的：如果是小解，它会使用 1.2 加仑水冲洗；如果是大解，那它就会冲出 1.6 加仑的水流。”美国《时代周刊》用这样的文字描述了这种全能型智能产品。

（四）应用练习

你很幸运，一进公司就参与了一个大项目，是关于营销体系的变革，结果一干就是一年。由于是驻地咨询，天天在客户公司上班，跟他们的职员差不多，没有时间和精力学习其他的东西，逐渐感觉自己的知识没有更新和提升，请问你如何在这样的环境下不断提高自己呢?

百万思维

万事万物，生生不息，无限循环上升。作为一个有追求的人，作为一个企业的智囊，作为一个对自己有要求的人，一定要不断自我更新。

第四节 团队配合

一、如何融入咨询项目组

思考：

（1）融入项目组有哪些困难呢？

（2）要融入项目，积极参与不就行了吗？

（3）融入项目跟新人融入一家公司应该一样吧？

（一）情景案例

张C原来在甲项目工作，由于项目结束，于是被公司调到乙项目。

由于乙项目已经进行半年了，而张C中途加入项目组，对项目前期的情况也不了解，自己主要接耐消品行业的项目，不了解工业品行业的情况，张C就更加不敢发言了。

一个月过去了，张C表现平平，并且在月底考核的时候也没有获得高分。如果再这样下去，张C自己也坚持不了。

如果你是张C，你该如何让自己融入这个团队呢？

（二）案例分析

（1）中途介入难以融入。做过整体项目的咨询师都知道，如果对项目之前的情况都不了解，而是中途参与的话，那对个人来说是有困难的。原始团队是核心，而你要融入其中，困难很大。

（2）融入项目组的方法不对。张 C 不知道怎样融入他们，自己又不是专门负责工业品行业项目的，心想是不是就可以不用融入项目组了。有这种想法是不对的，公司既然安排你参与项目，肯定是认为你有这方面的专长，适合这个项目。比如赵子龙后来成为“五虎上将”之一，不是也成功融入了团队吗？最原始的核心团队是不可替代的，但是随着项目的进展，自然有你的用武之地。

（3）有太多顾虑。做任何事情要心无旁骛，要把自己的心打开，因为打开自己的心才能接纳别人。不要顾虑太多，不要想自己行还是不行，而是自己能做什么就做什么。

（三）策略方法

（1）主动参与、请教。不懂正是学习的机会，我们要从思想上转变，认为自己是来学习的，去请教周围的同事。在咨询行业最大的好处就是可以学到不同行业的东西，我们应该庆幸有这样的机会。新人融入公司也是这样，最开始也是学习。为什么案例中的张 C 不愿意这么做呢？因为新人是零起点，而张 C 是高起点，知道的就说，不知道的也不问。张 C 要改变这种心态，到任何一个项目当中都要抱有学习的心态，也就是空杯心态。

（2）积极发言表达。既然公司让你参与项目，你就不用担心说错。即使你说错了，大家也知道你是新来的，熟悉项目的人也完全可以把你说错的话挽救回来，所以不用害怕说错。

（3）力所能及多做事。做点自己认为能做的事情，哪怕写一份通知、一份文件都可以。

总之不要摆出一副我只负责这个部分，别的不管的姿态。其实在团队中，最可贵的是互补。所以要主动找事情做，跟客户多接触、多学习，时间久了你也就融入了。

比如笔者原来的一个同事赵 C 刚刚毕业没有多久，在项目中很难发挥作用，于是就做点项目费用管理等简单的事情，也能很快融入团队，并得到了大家的认可。赵 C 做的一些事情请见表 1－1、表 1－2。

表 1－1　上海出租车明细

乘车时间	乘车人	所在城市	实收/实付（元）	票张数	备注
2012 年 10 月 28 日	熊亚柱	上海	27	1	从高铁站打车回家
2012 年 10 月 28 日	毛 B	上海	58	1	从高铁站打车回家
2012 年 11 月 8 日	赵 C	上海	14	1	打车到地铁站
2012 年 11 月 15 日	赵 C	上海	14	1	从地铁站打车回家
2012 年 11 月 8 日	贾 × ×	上海	30	1	打车到地铁站
2012 年 11 月 8 日	毛 B	上海	53	1	打车到地铁站
2012 年 11 月 15 日	贾 × ×	上海	40	2	从石狮回上海，坐磁悬浮列车回家
2012 年 11 月 15 日	贾 × ×	上海	33	1	打车回家

表 1－2　用餐费用明细

用餐时间	用餐人	类型	所在城市	金额（元）	发票张数	备注
2012 年 10 月 8 日	何 ×、王 ×、海 ×、林 ×、赵 C	晚餐	上海	386	1	去客户总部，在上海机场与何老师一起吃饭
2012 年 10 月 13 日	熊 ×、毛 B、林 ×、赵 C、陈 C、市场部总监王 ×	晚餐	佛山	450	9	客户总部，与客户一起吃饭
2012 年 10 月 18 日	贾 × ×、赵 C、客户市场部总监王总、区域经理陈 C	午餐	北京	199	1	项目组请客户市场部总监王总、区域经理陈 C 吃饭，在徽菜馆

（四）应用练习

你刚研究生毕业，在咨询公司实习，在学校学的是市场营销，但是公司主要是做管理咨询的。面对公司的环境，你该如何让自己快速融入公司呢？

百万思维

眼中有活，心中有远方，勇往直前，跟随团队的步伐，你就是未来的王者。

二、如何配合团队完成任务

思考：

（1）配合团队完成任务的难点是什么？

（2）配合团队完成任务的方法有哪些？

（一）情景案例

周 B 是公司的写作快手、好手，写出来的东西可以说无人能及，因此项目总监徐 A 对安排给周 B 的任务都很放心，基本不用管。

周 B 所在的项目团队一共 5 人，分别负责终端管理、经销商政策、新产品上市、促销活动、人力资源管理模块。周 B 负责经销商政策部分。

在项目阶段性讨论时，由于内容太多，大家对周 B 的内容也都很放心，因此就没有对他负责的部分进行讨论就提交给客户了。

提交到客户那里才发现，周 B 写的内容与客户的要求不符合，原来周 B 给客户的是落地细分的系统表格工具，而客户要的是战略规划报告。

项目总监一阵唏嘘，最后只能给客户解释发错了，连夜集体加班完成。当然，这样做出来的报告就粗糙多了。

（二）案例分析

（1）有能力不合群。在中国的职场中有太多有能力而不合群的人了，他们不愿意配合团队工作。当然也有像案例中周 B 那样有能力，不用配合团队，把自己负责的部分做好就行。

（2）太自信，缺乏沟通。无论是谁，沟通是最基本的要求。大家互通有无，这样的团队才能配合好，发挥好。

（三）策略方法

（1）放下自己，了解分工。在团队当中，要想配合别人，首先就要放下自己，了解分工。能干什么、会干什么都不重要，重要的是有能力的人需要放下自己融入团队，充分了解项目分工，知道自己负责哪一部分，并让自己负责的部分符合客户的要求。就案例来看，周 B 就是没有放下自己。假如放下了，就不会到最后才说“我写错了”。在讨论别人写的内容时，也会涉及一部分自己写的内容，他是不是要检查一下？周 B 还是没有放下自己，没有放下自己也就不可能配合别人工作。

（2）互相指正，参与研讨。你看我写的，我看你写的，大家互相检查。一般初级咨询师很害怕自己的东西被别人看，其实大可不必，因为大家是在帮你。同时一个初级咨询师也可能给资深咨询师挑出很多毛病，因为视角不同。

（3）兼爱平等精神。咨询团队的人为了一个目标而努力，一般气氛都会很融洽。大家要想配合好就要发挥互爱互助、平等互利的精神。对项目总监而言，要营造一个和谐的团队氛围，调动团队其他成员，让每一个人都能够发挥自己的特长，从而发挥整体作用。对个人而言，就要充分发挥自己的能动性并融入团队。

（4）团队考核机制。咨询公司的内部奖金分配机制也是促进团队合作的基础。大家一起做项目，奖金怎么分，这就需要考核，其中有一项考核就是团队配合度。团队配合度就是安排你做什么就做什么。举个负面案例，笔者有一个同事在项目推进过程中，一会儿跟客户公司前台聊一聊，一会儿又与客户公司业务聊一聊。这样会降低团队整体的专业性，那么他就要被扣分了。

（四）应用练习

大×有机鱼项目进展顺利，你作为其中的王牌咨询师，令客户很满意。此时由于对方还没有招聘到市场总监，公司决定派一位咨询师暂代市场总监一职。而你自己不想暂代客户公司的市场总监一职，觉得自己规划的东西自己来执行不好，万一有不利之处会自食其果。面对两难的状况，你该如何配合团队完成任务呢？

百万思维

团队工作是一荣俱荣，一损俱损。工作生活中都要有团队配合的意识才行。

三、如何在紧迫的时间下快速工作

思考：

（1）在时间紧迫下工作的难点有哪些？

（2）让自己快速完成工作的方法有哪些？

（一）情景案例

长×电器项目正在进行中，原计划60天的时间开发8门系列课程。然而客户要求进行市场调查分析，并做市场调研诊断报告，认为这样才能有针对性地开发课程。因此，项目组做市场调查分析就花了35天的时间，在仅剩的 25 天时间中，还要预留 5 天的时间用于讲课反馈，更不巧的是其中还遇上国庆节放假。

咨询师任 A 算了一下时间，每天要制作 50 页的 PPT 才能完成任务。

任 A 开始搜集素材，并认为最快的方法就是找到合适的 PPT 直接用在 8 门课程中。然而事与愿违，PPT 素材中有很多不符合逻辑的地方，还有很多格式无法被清除，最后任 A 被弄得焦头烂额，只好跟客户商量项目延期。客户勉强答应了，但是公司年底考核评优秀咨询师时，任 A 就没资格了。

（二）案例分析

（1）时间紧迫环境下工作能力的欠缺。时间虽然紧迫，但绝对不会不够用，这就要看你想做到什么程度。由于时间不一样，客户对你的要求也会不一样，所以时间紧迫是相对的。

（2）策略方法不对。由于任 A 的 PPT 课程开发基础能力不够扎实，导致紧急作业时思维混乱，没找到方法，再加上时间的压力，就慌了。如果基础很扎实，时间紧迫反而是一个很好的机会。

（三）策略方法

1. 快速进入状态

很多时候时间是足够用的，只是我们用太多的时间去担心，或是做其他事情，而导致时间不够用。有一个定律，就是说任务总会到最后的时间节点才会完成。假设一个任务给你 10 天的期限，那么你就会花 10 天完成；如果给你 3 天期限，那么 3 天内你也能完成。其实，很多时候是你没有快速进入工作状态。大部分人一会儿看看新闻，一会儿聊聊天，半小时都进入不了工作状态，干扰太多。那么笔者快速进入状态的方法是什么呢？在此推荐给大家几种方法。

（1）写心情日记。心情日记就是把自己当下的状态写出来。写完几百字的心情日记，也就进入状态了，而且写多了，思路就开阔了，也便于写咨询报告等。

（2）直接开干。还有一个方法就是直接拿过来什么都不想，能写什么写什么，这样不到 5 分钟就进入状态了。快速进入状态之后才能够开展工作。

（3）屏蔽所有的信息。除了你当前工作需要的信息，其他的全都屏蔽掉，让自己的注意力迅速集中。

2. 连续工作 12 个小时

当集中精力连续工作 12 个小时，你会发现你能做的事情有很多很多。有人会想连续工作 12 个小时会不会很难、很累？实则不然，真正集中精力从早晨 9 点工作到晚上 9 点，眨眼就过去了。当你有这种连续工作十几个小时的能力，你就不怕任何堆积的工作了，因为集中工作的成果相当于三五天的工作量。

3. 一步一个脚印

做 PPT 不要乱放内容，做完一页算一页，不能凭感觉觉得差不多了就做下一章，等把整体弄完了再来改。其实搭好框架之后再做更快，不要一下子做了 90 张，然后再筛选，那样会让自己陷入混乱。

4. 一定能做完

心态上要有一定能做完的决心，相信自己，做起来就能快速进入状态了。兵法有云："胜兵先胜而后求战。"说的就是从心理上先战胜敌人，然后再去想如何做。

接下来还是给大家介绍一个实战的案例。笔者给喀什某银行做的《营业网点标准化管理手册》，仅目录就包含 5 章（如图 1－5、图 1－6 所示），每章还有很多小节，最后花了大概三天的时间就完成了。

目录

图1－5　《营业网点标准化管理手册》目录1

图1－6　《营业网点标准化管理手册》目录2

（四）应用练习

由于白×电器要来公司进行商务谈判，项目总监今晚让你做一份公司介绍及项目介绍，明天早上9点要用。白×电器的访谈记录和公司网址你都有了，那么你该如何在这样紧迫的时间里完成工作呢？

百万思维

人不逼自己一下，真不知道自己有多大潜力。有环境逼迫你成长的时候，那不是困难，而是你超越别人的机会。

四、如何处理自己与领导的意见不统一

思考：

（1）与领导意见不统一的原因是什么？

（2）与领导意见不统一的处理方法有哪些？

（一）情景案例

三枝×油漆项目正在进行中，项目组就人员绩效考核方面的内容进行了激烈的讨论。

人力资源出身的孙A和项目总监童A的分歧最大。童A的数学非常好，总结出来一个自己认为非常科学的计算公式，然而孙A驳斥道："按照你的公式，一个业务员的绩效考核需要做大量的数据统计工作，而公司不可能花时间做这些统计工作。绩效考核无非就是定量指标和定性指标，定量指标用业绩等数据衡量，定量指标打分就行了。定量指标考核满分100分，然后按比例进行组合。比如业务员的绩效考核，业绩占80%，而后台人员的业绩占20%，可你做的呢？既要算年度销售平均值，又要算个

人每月的业绩转化值，太复杂了。”

但童A坚持自己的主张，说：“你就按照我这个公式来写方案、做计划表和考核表就行了。你说的那个方法到处都在用，很简单，没有什么亮点，而我的算法才是独一无二的。”

孙A感觉对牛弹琴，觉得自己的专业不被认可，还要做无用功，想到这些一个字也写不下去。项目进度因此受到影响，传到总部，孙A觉得很委屈。

（二）案例分析

（1）无论对错，完成任务是第一的。团队有分歧很正常，案例中即使童A不对，但孙A也不应该消极抵抗，使项目受到影响。对客户来说，我们是一个团队，所以必须配合。项目总监要对整个项目做总体把控，所以其他成员需要配合他、支持他而不是反对他，不然项目无法顺利完成。

（2）不懂得处理与项目总监的意见分歧。很多咨询师都会遇到这样的情况，笔者对孙A的痛苦也理解，因为每个人都希望能够发挥自己的价值并得到领导和客户的认可。

（三）策略方法

（1）充分沟通。跟上级领导沟通，全面分析策略方法的正确性和可行性。案例中的双方虽然都做了分析，领导的确是错了，但在这样的情况下还是要充分沟通，表明自己的立场，让领导明确知道自己的意见，以便于后期转变领导思维，进行工作的调整。

（2）全力配合。咨询团队一荣俱荣，一损俱损，所以不能窝里斗。这些内部矛盾紧限于项目组内部，一旦发展到外部，被客户或者公司总部知道了都会造成不良影响。

（3）准备两套方案。有和项目总监争论的时间，还不如按他的要求做方案，然后再按自己的想法做一套。这样我们让客户自己选择，给客户多一个参考，对于团队来说是好事情。

下面看一个笔者的实操案例。

图1－7为某项目组福建区域市场的架构图。笔者看完说："这样是绝对不行的，哪有这样设计架构图的。"后来我们一起探讨，发生了争执。

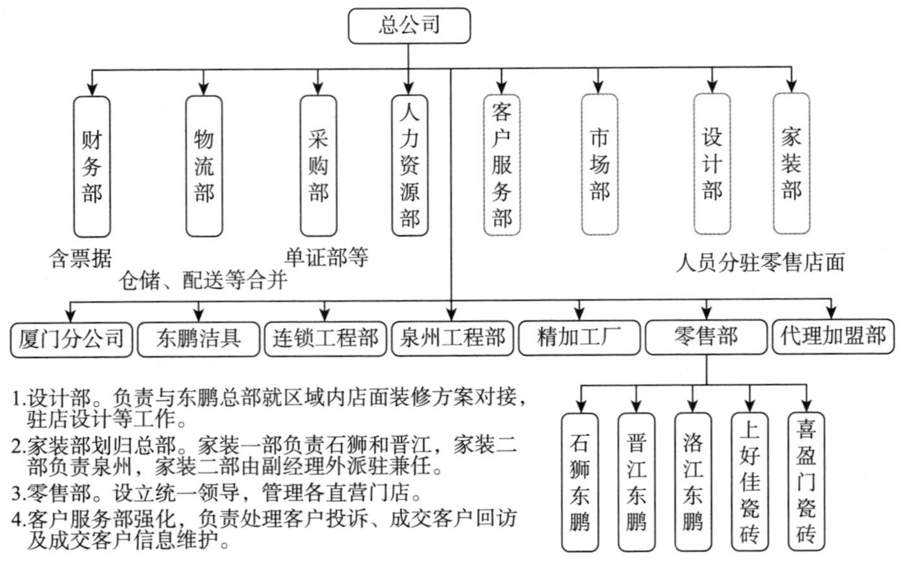

图1－7　某项目组福建区域市场的架构图1

图1－7看似是架构图，实际上是图1－8的模式，有18个平行部门，哪有这样的架构图。总经理一个人要管18个部门，关键还是小部门。

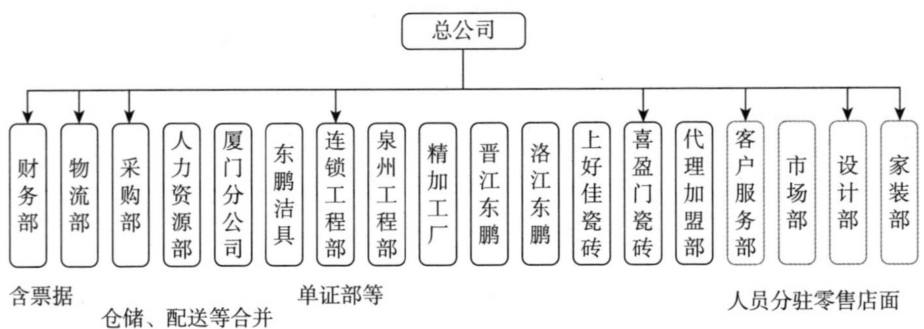

这才是这张图的真相

（一个200人的公司设18个平行部门）

图1－8　某项目组福建区域市场的架构图2

图1－9是跟领导沟通之后笔者自己做的架构图。在图中，总裁下面有常务副总和营销副总，分管下面的部门，这才是正常的企业架构图。笔者大概花了一个小时修改，然后再去找项目总监说明情况，但他还是坚持认为自己的架构图没有什么错误。笔者只好说先把这张图放进会议的PPT中，让客户选择，最后客户挑选了笔者做的架构图。

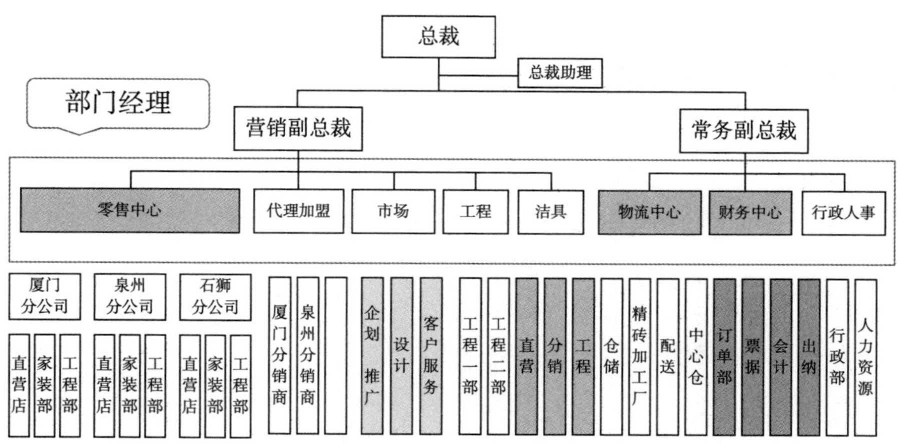

备注：1、构建中层管理架构（避免高层管理人员太多）
2、区分市场与后勤（避免没有侧重点，无法发挥公司作用）
3、管理清晰分工明确（防止人员剧增，工作量不饱和）
4、中心制突显起重要性（突出中心重要性）
5、需要成立专门的培训部，进行人员素质提升

图1－9　改后的架构图

所以对于分歧的处理，有时间的就做两套方案，快速避开意见不合，从而关注项目任务本身。

（四）应用练习

永×电器项目正在进行，根据对市场情况的了解，你认为应该去湖南省、湖北省、四川省这些地方调查，市场潜力更大。而项目总监认为这样很有局限，应该在华东、华南、华北各选一个地方试点调查。你反对道："这样我们的时间和精力都会很分散，不利于产出成果。"面对这样的状况，你应该怎样处理与领导的不同意见呢？

百万思维

领导永远是对的。如果不对，你应该用自己的行动证明领导是错的，而不是用语言。

五、如何与不喜欢的人一起合作

思考：

（1）与不喜欢的人合作有哪些困难呢？

（2）与不喜欢的人合作有哪些方法呢？

（一）情景案例

GP 集团的培训项目正在进行，由于个人原因，咨询师周 C 离开公司，由资深咨询师王 D 接替。王 D 的咨询经验丰富，但是培训的能力和口才欠缺。

这下可苦了周 C 的搭档孙 B 了，他是因这个培训项目才进入咨询公司的，跟周 C 一直配合得很好。然而他与王 D 完全无法沟通，感觉处处别扭，实在无法配合。

终于，在一次小型客户会议中，孙 B 用自己的培训专业知识驳斥王 D 的计划和主张，并带有不满情绪，最终导致两人关系破裂。

客户也感受到了两个人的紧张关系。本来要花半年时间的项目，结果三个月就草草结束了。公司以项目断单为由，没有给两人发项目奖金，这让孙 B 郁闷不已。

（二）案例分析

（1）过分看重专业。案例中的孙 B 和王 D 的不和是专业意见不同导致的，最终关系破裂。

（2）不懂得放开自己。心理学研究表明人总是具有相似个性的。笔者认为放开自己，别人也会向你敞开心扉，而这需要我们更热情、更真诚、更幽默。

（3）没有应对的方法。任务需要亲密合作才能完成，不然容易出差错，而且一个人必须容忍另一个人的很多东西，更何况是你不喜欢的人呢？所以很多人应该学会自我调整。

（三）策略方法

（1）家丑不可外扬。有分歧不能在客户面前表现出来，再不喜欢也是内部矛盾。家丑不可外扬，就像夫妻两个人过日子，家里再怎么吵，出门还是一家人，这一点千万要记住。

（2）分工回避接触。大家分完工后，自己干自己的，回头再一起交流。距离产生美，走得太近，矛盾就特别多。需要多接触的时候，那就多多容忍吧。

（3）长时间了解。通过长时间了解，我们会换位思考，会发现每个人都有优点，到时或许会改变观点。

（4）冷静对待。心里想只是与对方暂时合作，把他当成陌生人，做你该做的事情，不要将自己对对方的厌恶情绪表现出来，因为这会影响你的判断力和工作效率，只有时刻保持冷静才能应对各种情况。

（四）应用练习

公司的服装咨询项目正在进行中，由于没有专业的人员负责其中的店面陈列能力提升模块，只好请外援陈 D、谭 A 帮忙。其中你和谭 A 配合。由于谭 A 受行业影响，不太阳刚，还总批评你老土没有眼光，你觉得有些受不了。那么，你该如何跟他配合完成工作呢？

百万思维

放开自己，扩大自己的影响力，让更多人喜欢你，愿意跟你合作。

第二章

Chapter 2

专——专业能力得客户

第一节　数据收集

一、如何快速地收集资料

思考：

（1）快速收集资料的难点是什么？

（2）快速收集资料的方法有哪些？

（一）情景案例

晴×项目的项目组正在进行市场走访调查，但是由于时间紧、任务重，需要边走访市场边收集资料，而这个任务就落在了咨询师小黄的头上。

小黄根据自己的能力尽量收集资料，以便后期撰写报告时更加顺利。

小黄想，每天都在走访市场，一天就睡觉前那么点的时间是自由的，还要收集资料，怎么办啊，不管了，能收集多少算多少！

10 天走访完市场了，项目总监开始汇总素材资料，最后让小黄把收集的资料和大家共享。当小黄把资料交给大家时，大家都傻眼了，因为小黄收集的全是企业新闻常识。

大家哭笑不得地说："这么长时间你就收集了这些东西，我们怎么用啊？"

（二）案例分析

（1）初级咨询师不懂得怎样收集资料，也不会收集资料，因为他还不是一个"医生"，看什么人都没生病，或者是看什么人都病了。

（2）不知道报告撰写需要哪些资料，把日常的新闻当作专业素材可收集的内容。

（三）策略方法

（1）查阅历史文档。笔者做培训时间比较长，电脑里有大量的资料供查阅和搜索，有的甚至存放十几年了，在自己的电脑中收集文档资料，便于快速找到合适的资料。

（2）用网络关键词搜索。掌握关键词搜索能力，才能在百度等网站快速找到自己想要的资料。

快速收集资料的核心是目标与分类。

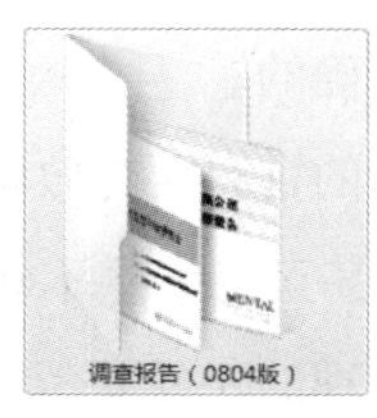

图 2-1 资料分类 1

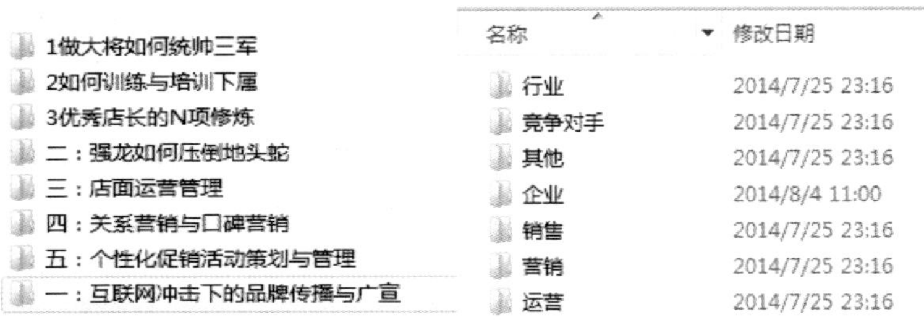

图 2－1　资料分类 2

图 2－3　资料分类 3

图 2－1 至图 2－3 主要是给大家展示如何将收集到的资料分类。笔者之前的一个助理刚来没多久，让他收集资料就是做不好，于是笔者就教他运用目标和分类去找。笔者对他说："这次的咨询项目有三个任务：一是要开 8 门课程，二是我们要进行行业研究，三是要有工具模板。8 门课程的大纲都给你了，你就按里面的关键字找。"就这样一点一点地把资料积累了起来。

（3）朋友推荐。如果有行业内的朋友进行推荐会更好，算是快速收集资料的一种方法。

（4）市场暗访。通过市场暗访收集一手资料，这样收集到的资料也是最真实、最准确的。

走访市场的资料要先收集后分类，把图片、视频按分类整理好（如图 2－4 所示），甚至将一些不相关的行业营销手段也整理出来。每份资料都是有用的，整理的时候要考虑该怎么用。

图 2-4　走访市场的照片和视频资料

（四）应用练习

昆×项目组走访完市场后回来写报告，眼看就要完成报告了，项目总监却发现原来合同中有个模块没有人写，而且走访市场时也没有收集这方面的素材，需要临时收集。于是这个艰巨的任务落在了你身上，请问你该如何快速收集资料呢？

百万思维

“巧妇难为无米之炊”，再厉害的咨询师不能没有素材，不能没有调查就写方案。即使写了，这样的方案也没有说服力。

二、如何向客户索取资料信息

思考：

（1）向客户索取资料的难点是什么？

（2）向客户索取资料的方法有哪些？

（一）情景案例

项目启动会结束后，项目总监离开客户公司总部，陪同客户去看最重要的华东市场。留在总部的项目经理侯A对客户公司总部的领导进行了一一访谈，并把会议记录和纪要都带回公司交差。

回到公司后，大家开始撰写报告。项目总监发现会议记录和纪要中的内容不是特别翔实，于是问侯A客户的资料原件在哪里。

侯A说："什么原件，客户什么也没有给我啊！"

总监说："那你为什么不去要啊！"

侯A说："我向他们要了，但是他们说自己讲的都是真实的，那些资料都过时了。我想也是，就没有再要了。"

项目总监听后，说："客户说过时就过时啊，我们是'医生'啊，有没有病要我们看了才知道啊，你是怎么当项目经理的。"

侯A觉得十分委屈。

（二）案例分析

（1）不知道客户资料的重要性。资料不是直接拿来用的，而是用来分析当下客户的发展阶段，以便我们更好地想出方案。不管客户怎么看，我们自己要重视资料。

（2）客户一般会推诿。像案例中的客户那样真的没有资料吗？答案是不会真的没有，只是在推诿。从客户的角度来看，他会认为给资料不好，考虑因素有多种，比如可能是真的做得不好，不愿意丢人，也可能是要考验咨询团队的水平，让你们自己去调查，还有的可能就是怕被抄袭。

（三）策略方法

（1）公开索要。可以这么说，"请您将公司各个部门的基础资料都给我们，便于我们开展工作"，这个时候你需要提交一份资料索要清单。

以下为项目清单沟通函索要案例。

关于鸿×公司——永×项目组需提供资料清单沟通函

致永×集团股份有限公司：

以下就永×项目作业需要贵公司提供资料一事向贵方做事先报备，以便贵方做相应的安排。

一、企业相关资料

（1）企业发展历程、企业文化、企业愿景等（企业宣传手册）。

（2）永×集团的发展战略规划（部门内部文件及外部咨询报告）。

（3）永×集团的业务知识架构、人员编制、部门、岗位职责。

（4）永×集团的绩效考核的整体流程，绩效指标的确定办法、考核办法、考核周期。

（5）永×集团销售、研发、生产三个部门系统流程。

二、行业相关资料

（1）永×集团目前拥有的行业内竞争对手的资料，包括竞争品牌的店面图片、销售政策、专卖店梳理、核心市场、销量规模、产品手册、市场推广活动信息等。

（2）永×集团过往的国内市场资料（经销商及合作伙伴的访谈记录、国内市场营销规划）。

（3）永×产品相关的应用行业研究资料，包括市场容量、发展趋势、市场分布、企业类型等。

三、产品资料

（1）历年产品规格表（产品手册、景点介绍、宣传资料、演示道具等）。

（2）产品资质证书和检验书。

（3）产品核心技术介绍。

（4）产品的研发流程和周期。

四、提交方式

（1）所有数据资料以电子版形式提供给项目组。

（2）所有印刷资料现场提供给项目组。

五、提交时间要求

（1）所有资料希望能在2018年04月13日前提供给项目组。

（2）如果有的资料因为时间原因无法提交，请提前沟通。

六、承诺声明

（1）以上资料对我们项目的开展非常重要，希望贵公司能尽量全部提供。我们会严格恪守合同中的规定为贵公司保守商业秘密。贵公司认为确实不方便提供的请提前沟通。

（2）以上资料并不是项目作业需要的全部，若在进行内部访谈中需要其他资料，我们会及时补充。

（3）如没有在项目清单上列名的项目，请说明。

鸿×咨询·永×题目组

2017年6月24日

项目不同，索要的资料是不同的。通过沟通函，会让客户觉得非常正式，自己应该尽量提供。如果只是口头索要，客户容易烦。

（2）向内部人员索要。通过前期的洽谈和走访市场，与一部分人熟悉了，那么缺什么资料就可以向内部人员索要。当然这需要很信任的人才会给你，最后实在不行的话，再跟高层沟通。一般情况下不要这样做。

咨询作业小贴士：

笔者在QQ里面有一个组叫“项目缘”，都是项目组的成员。笔者与这些人的关系特别好，向对方要什么资料都会给，而且也很配合。

（3）观察收集。当你看到什么资料不错时，随口说一句“这个资料给我拷贝一份吧”！**其实客户就会把资料给你，这是一个意识问题，有了这个意识，观察到自己想要的内容就马上锁定，你的资料就会越来越多。**

（四）应用练习

天×服装项目正要启动，为了能够更好地服务客户，需要客户提供最真实的数据资料，但这些资料属于机密。由于季节变化快，你也无法统计到很多资料，既费时又费力。那么你该如何向客户索要真实的资料呢？

百万思维

跟高手过招，先要了解对方的水平，所以资料是最重要的了解途径之一，博弈从此开始。这也是各位咨询师成长的第一步，要好好把握。

三、如何运用公司资源

思考：

（1）运用公司资源的难点是什么？

（2）运用公司资源的方法有哪些？

（一）情景案例

胡B正在谈一个建材项目，由于之前从事过壁纸行业，也算是有建材行业经验，认为凭借自己的经验可以做好。

然而，事与愿违。由于壁纸的操作要比瓷砖、卫浴、陶瓷简单得多，胡B带领大家写的报告内容完全不符合客户的要求，被狠狠地奚落了一顿。

于是，公司总经理何B不得不与客户公司董事长沟通，说明情况并采取紧急补救措施。

总经理何B对胡B说："你怎么搞的，我们最擅长做这类项目了。不会你跟我说啊，再不行大家一起想办法啊，你这么做，项目会断单的。"

胡B低头不语，心想自己的专业没问题，主要是客户太挑剔了才导致这样的状况产生。

（二）案例分析

（1）不懂得整合公司的资源。公司一定是有资源的，有时候因为你不熟悉或是新来的咨询师，所以有很多资料不能共享，你接触不到。当然，这因公司而异。还有就是因为保密协议，有些资料不能转发给同事，所以你可能也接触不到。总而言之，这就要看咨询师自己的整合能力了。

（2）没有寻求获得更多帮助的能力。如果不能从公司相关部门获得资料，也可以从同事朋友那里获得自己想要的资料。所以有能力的人，会想方设法去获得；没有能力的人，公司资料是公开的他都不知道。关键看个人自己。

（三）策略方法

（1）放开自己，左右逢源。要放开自己的心态。咨询公司内部有种氛围叫“文人相轻”，也就是这个领域我最擅长我就是老大，所以就出现单干的情况。很多人无法运用公司的资源是因为心态不开放，觉得别人不行，不如自己，不需要其他事业部、其他同事的支持和帮助。

（2）过往案例。公司做咨询这么多年总有自己的案例库。案例资源是快速获得资源的方式之一，也是最有说服力的资源之一。

（3）内部专家。通过内部专家的参与，让自己获得更多的信息和更多的支持。比如自己公司内部某某是这方面的专家，可以请教一下，问问他对这个行业的看法。如果时间允许的话，可以请他们多多参与。

（4）外部专家。跟行业内的总经理、区域总监或是元老级的人物谈话30分钟，就比你收集3天的资料有用得多。我们可以通过关系介绍、有偿聘请，甚至可以联合参与的方式获得资源。

（四）应用练习

你接到一个银行项目，为银行的柜员们做一次系统的营销培训，但是你自己没有银行方面的背景和专业知识。请问你该怎么办？

百万思维

借力打力不费力，借助公司内外部资源，将自己的能力放大10倍。高手皆是如此。

四、如何通过网络收集资料

思考：

（1）通过网络收集资料的难点是什么？

（2）通过网络收集资料的方法有哪些？

（一）情景案例

董A负责一家大型连锁电器企业的咨询项目，为这家电器公司提供三级、四级市场咨询诊断服务，后期又进行了培训，让客户很满意。

正在进行的项目在客户公司内部也引起了不小的轰动。该企业总部要求项目组能为企业的高层领导办一场《三级、四级市场发展论坛》，介绍相关情况，并对现在的互联网发展做出趋势判断，包括O2O分析、竞争对手的分析对比等。

这下可苦了董A，自己走访的都是线下市场，对线上并不了解，更何况竞争对手分析要上哪找资料信息啊？就几天的时间，董A该如何开发课件，完美地完成任务呢？

为了后期的项目续单，董A又不好不接，接了又怕出丑，真是进退两难。

如果你是董A，你知道该怎么做吗？

（二）案例分析

（1）没有快速收集整理、连接信息的能力，不会利用网络来收集资料并开发课程。

（2）对自己没有信心，对于如何把握这样的一次机会没有信心。

（三）策略方法

1. 微信平台

微信平台有很多公众号发布专业文章，有很多最新的、权威的信息，内容非常详细，可以参考。

实战案例示范——微信收集的资料

图2－5　微信收集的资料1

图2－6　微信收集的资料2

图2－7　微信收集的资料3

图2－5至图2－7就是笔者通过微信查找到的资料。笔者运用的工具叫企鹅智酷，上面的资料可以直接拿来用。图中的资料是通过真实的数据统计出来的结果，参考价值比较大。

2. 优酷视频

优酷上有很多新闻消息，我们可以在上面检索收集。比如笔者要找某个企业发布的消息和新闻，一般在优酷中都可以找到。

实战案例示范——优酷视频农村淘宝

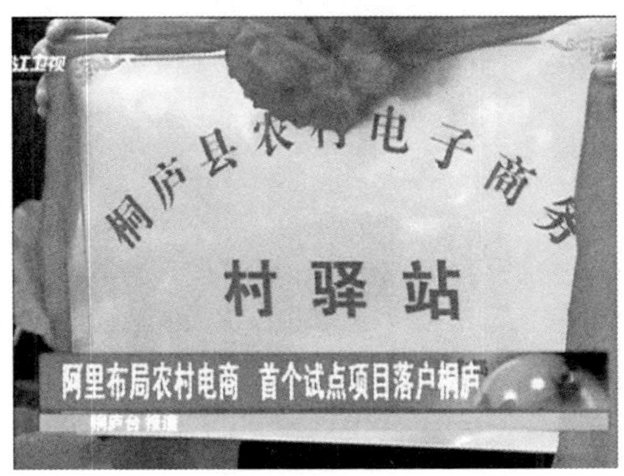

图 2－8　优酷视频农村淘宝

图 2－9　优酷视频农村淘宝

图 2－10　优酷视频农村淘宝

图 2－11　优酷视频农村淘宝

图 2－8 至图 2－11 展示的新闻报道都非常真实，具有权威性，可以直接用，而且其中的数据都非常有说服力。

3. 百度搜索

百度大概占搜索市场份额的 70%，其中的新闻、图片、文库都是我们取之不尽用之不竭的资源。

有些数据一定要找最新发布的，特别是互联网方面的数据，相差一两天，数据都可能不同。

4. 专业网址

每个行业都会有专业的权威网址，并且行业内的人也都认可这个网站发布的信息。专业的网站提供的信息大概是最精准的，在网站里可以快速找到自己想要的资料。

（1）专业网站——易观智库

易观智库是最专业的网站之一，里面有大量的数据。比如图 2－12 清晰展示了电商市场的状况。

（2）行业网站

建材方面的行业网站如搜狐焦点网，网站中是建材、房产方面的信息。

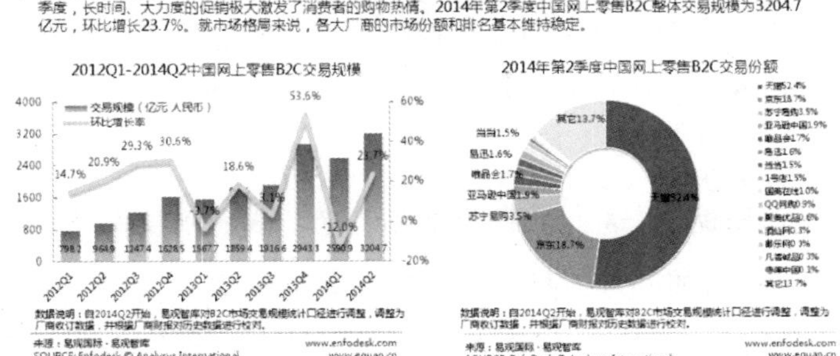

图2-12　易观智库

（四）应用练习

一家传统企业要进行O2O发展转型，想邀请你做一次培训，对全员进行启蒙教育。而你对该企业所在的行业发展趋势等情况并不了解，必须通过互联网快速了解，请问你该如何做才能够接下这个项目？

百万思维

超越自己才能超越别人。收集更多的资料，获取更多的信息，才能不断成长。

五、整理连接各种资料信息

思考：

（1）整理连接各种资料信息的难点是什么？

（2）整理连接各种资料信息的方法有哪些？

（一）情景案例

咨询师苗A参加完整个项目的调研过程，感觉很有趣，也很兴奋，从中学到不少东西。项目总监王E看到苗A积极主动，表现很好，就想要提携一下他。

于是，王E说："这次过程你也参与了，我把所有的资料都发给你，由你负责整理一份市场诊断报告，到时我会帮助你。你先把数据和资料信息整合在一起我们再讨论。"苗A欣然答应了，心想领导这么器重我，一定要做好。

然而，把20G以上的资料整理出头绪并不是一件容易的事情。有的领导跟基层员工之间说的话是冲突的，但说得都有道理。还有琳琅满目的图片，到底有什么用呢？苗A该如何才能得出一个诊断的结论呢？

苗A把20G的资料翻来覆去地看，不知道如何下手。

如果你是苗A，你知道该怎么办吗？

（二）案例分析

（1）缺乏整理能力。很多基础的工作看似简单，其实背后都要根据一定的逻辑框架才能整理出来。苗A需要系统地学习并提高整理、连接资料信息的能力。

（2）不知道重点。在任何资料中，市场的信息要优先于员工和领导的信息。将领导的信息作为验证信息，看看市场中消费者和员工的认知跟领导的认知是不是在一个水平上。如果不在一个水平上，说明领导的认知有错，需要调整思路。

（三）策略方法

（1）整理数据。把所有的表格数据进行统计分析整理，并进行定性说明。很多时候信息中的数据是非常重要的，虽然照片有可能没有数据，但是我们可以通过统计整理出数据。

表 2－1 是我们统计的某品牌各门店周围的广告牌数量，都是根据照片统计出来的。

表 2－1　某品牌各门店周围的广告牌数量

单位：个

广告	品牌	至尊店	居然店	红旗店	金盛店	金鑫店	欧亚达	光谷店	友谊店	国际馆
店内	马×	5	1	4	25	2	1	2	3	1
	东×				2				1	1
	诺×尔		1		14	12	2	1	2	3
	索×亚				12	1	2	1	1	1
店外	马×	35	3	3	1	2	2		2	1
	东×					1				
	诺×尔		1		1	1	8	1	1	1
	索×亚						1		1	1

所以，资料是死的，人是活的。统计数据的方法、思维和思路是自己想出来的。

根据走访市场的情况，将导购员形象的资料分类整理出来，直接呈现出公司运营状况的好坏，如图 2－13 所示。

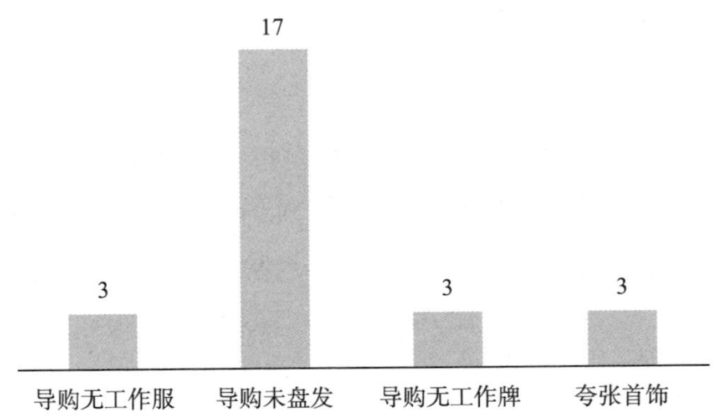

图 2－13　导购形象各个方面的资料

也可以根据录音把导购在服务中存在的问题统计出来，如图 2－14 所示。

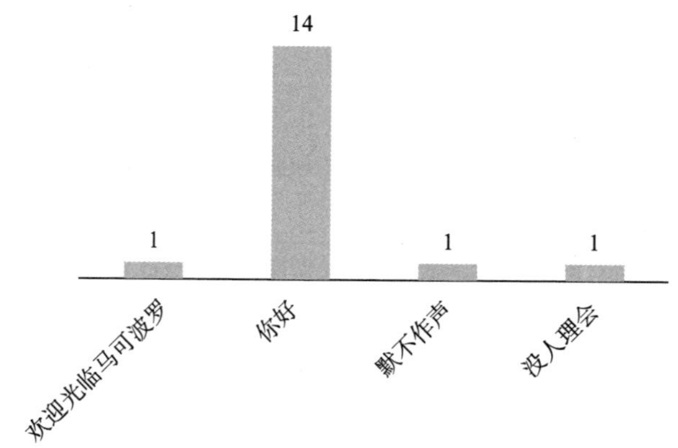

图 2-14　导购服务中存在的问题统计

实战案例示范——消费者的问卷调查

1、您习惯去哪里买空调、电视、冰箱?

(　　　　　　　)(苏宁、国美、五星、专卖店、超市、网络)

您习惯去哪里买手机?

(　　　　　　　)(苏宁、国美、五星、专卖店、超市、网络)

您习惯去哪里买电脑?

(　　　　　　　)(苏宁、国美、五星、专卖店、超市、网络)

2、您有在网站购买的经历吗?是什么网站?

A、不在网上消费　B、天猫淘宝　C、苏宁易购　D、京东网　E、其他

3、您会购买哪些产品?

A、食品　B、服装　C、家电　D、母婴

E、日用品　F、其他

4、你选择冰箱考虑的价格区间是什么(　　)

A、1000 以下　B、1000～2000　C、2000～3000　D、3000～4500 E、4500 以上

5、购买大家电产品,你能接受的送货时间是几天(　　)

A、当天　B、次日　C、三天内　D、一周内　E、无所谓

6、您在苏宁选购过哪类产品?

A、从来没有　B、大家电(空调、冰箱、洗衣机、电视)　C、电脑数码

D、手机　E、小家电　F、其他

7、您来苏宁电器购物的因素是?

A、购物环境好　B、价格便宜　C、服务好　D、质量可靠　E、其他

8、您买空调会选择哪个品牌?

A、美的　B、格力　C、海尔　D、海信

E、奥克斯　F、(　　)

9、您买彩电会选择哪个品牌？

A、康佳　　　B、创维　　　C、长虹　　　D、海信

E、三星　　　F、（　　）

做消费者问卷调查的时候，每个人的选择不同，这就需要将数据统计出来，然后统计出结果（如图 2－15 所示）。调查问卷中的第 5 个问题“购买大家电产品，您能接受的送货时间是几天”，那么大部分人会选择三天内，因而可以得出结论，消费者能够接受的送货周期为三天。

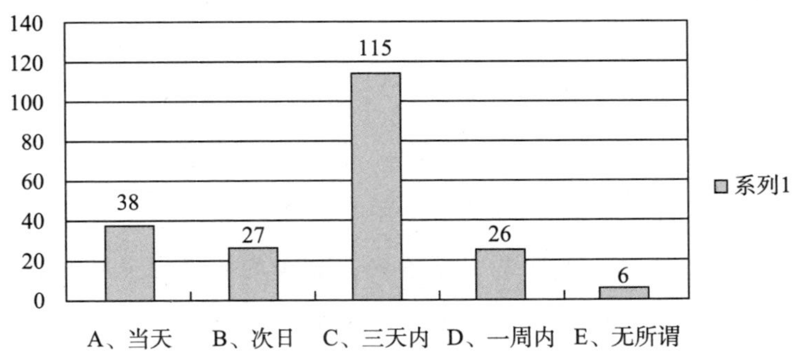

图 2－15　消费者能够接受的送货周期为三天

（2）图片连接。图片有着强烈的震撼作用，包含重要的观点和细节。

店面卫生是店面运营的基本要求，而大部分店面卫生保持得不够。如图 2－16 所示，墙面有灰尘，烟灰缸未及时清理，花盆中有烟盒，台签前面的飞蛾尸体未及时清理，这些说明店面的运营管理水平处于初级阶段，缺乏店面检查制度和店面监督制度。这样的结论需要通过图片的形式才能说明。

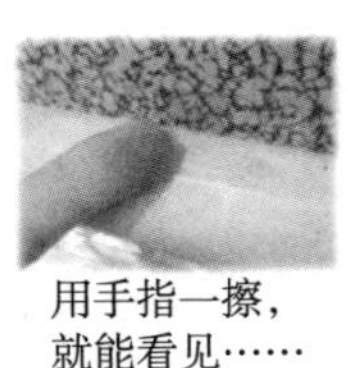

用手指一擦，就能看见……

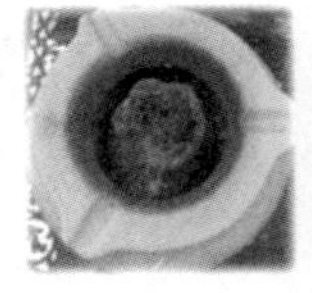

烟灰清理不及时

烟盒落花盆

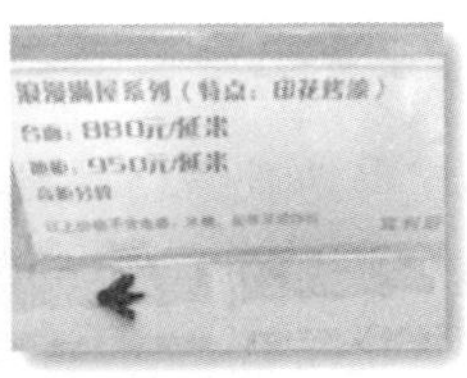

干尸飞蛾未清扫

图 2－16　店面卫生细节展示

（3）案例素材。案例素材有时候是描述性质的，比如小刘说的一个遭遇，你又不好直接把原话说出来，那么可以通过背景、冲突、疑问、回答的形式进行整理连接，把一个故事变成讨论案例。

一个故事可以通过加工整理变成我们的素材。

背景：KX 沈阳分公司人事经理小刘在 2011 年 4 月接到了店员们一份 20 多人签名的加薪申请书。小刘读完后身有同感，心想现在物价上涨得非常快，柴米油盐都涨了 30%，而工资却只涨了可怜的 5%，于是写了一份申请加薪的报告并附上店员们的请愿书，提交给了分公司总经理。

冲突：总经理看后找到小刘说："我们公司加薪是有年度安排的，年初刚刚涨了工资，现在没有理由加薪。"同时对小刘说："你要认清楚自己的角色，不是帮着员工向公司要求加薪而是要为公司人力成本考虑。"小刘听后，心想各种物价上涨是明摆着的，员工的心声也是白纸黑字写的，我这么做有什么不对？万一这批员工集体跳槽或离职，我该怎么办？小刘不知如何是好。

疑问：如果你是小刘，你会怎样面对这种情况呢？

回答：你该如何防止自己的管理角色错位？

通过这样的案例编写，把一个员工自己遇到的问题作为一个典型的案例进行分析讨论，让公司的人员获得启发，这就是我们要获得的效果。

（4）观点素材。根据客观情况分析哪个观点可用。比如老板说这个有理，员工说那个有理，我们应该从市场、客户的角度，从整个公司的大局，从一个局外人的角度来看。

观点——加盟还是自营

苏宁易购服务站联盟扩张：

（1）服务站定位。

（2）服务站规划。

（3）服务站宣传。

（4）服务站策略。

（5）服务站形式。

（6）服务站模型。

（7）服务站开拓。

（8）服务站运营。

通过数据来决定到底是加盟还是自营好像都很困难，因此要通过不同维度的分析进行比较才知道：直营成本高，拓展速度慢，但是好管理；分销拓展速度快，但是不好标准化。各有利弊，要通过不同维度的分析，然后给客户一个建设性的参考。咨询要有观点的输出，给客户提供参考意见，最终客户选择什么，由客户决定。

（四）应用练习

KX 项目市场调查接近尾声，项目总监为了快速出报告成果，要求你把所有的资料按照不同的观点进行分类整理，以便后期的报告撰写。请问你该如何操作呢？

百万思维

数据是死的，人是活的，成败关键在于人。

第二节　咨询会议

一、如何积极参与需求分析会

思考：

（1）参与需求分析会要注意什么问题？

（2）需求分析会上表现的方法有哪些？

（一）情景案例

项目组经过一段时间的作业开始写报告，而报告的每一个模块都涉及需求分析，如客户对市场有什么需求，对培训有什么需求，对管理有什么需求。咨询师赵D应项目总监的要求参加需求分析会，目的是让各个模块的需求更加清晰，便于后期作业。

在需求分析会上，赵D先是听并记录，看看大家对每个模块都是怎么说的。等到赵D发言时，就把前面提到的想法整合了一下，说："我觉得客户对市场的需求是占有率，对培训的需求是课时量，对管理的需求是绩效提升，其实很简单。"

听到这话，项目总监很不高兴地说："我让你是来分析的，不是让你来做领导总结报告的。"

赵D很委屈，心想我自己也不知道是什么，只是觉得大家讲得挺对就总结了，至于这么上纲上线吗？我不发言行了吧！

你觉得赵D的做法有哪些不妥？请问你觉得该如何参加需求分析会呢？

（二）案例分析

赵D没有自己的观点。其实每个人看问题都会有自己的角度，只是不知道怎么表达。作为一名初级咨询师，不善于表达或因懂得太少无法表达都是正常的，最忌讳的就是不懂还要装懂。不会就说不会，不知道就说不知道，说出来的东西只要是自己的观点，对错都没有关系，这样才能锻炼自己的判断能力，才能不断提升自己。

（三）策略方法

（1）不要做总结性发言。总结性发言需要稍微有一些自己的观点，特别是对于咨询企业来说。总结性发言在任何一种会议上都容易让人反感，因为一般会议负责人才做总结性发言。作为其他与会者，说自己的认识和想法就好了。

（2）不要置身事外。不要感觉好像和自己没有关系。以前笔者自己也是这样想的，认为自己不会就不说了，但不能这样想。因为不说不行，你最起码要附和一下。别人说别人的，你就做记录，一直害怕不说话，将无法赢得同事的信任和好感，永远也不能脱颖而出。

（3）不要胡言乱语。说话有头无尾，没有章法，要训练自己的逻辑思维能力。像我们平时写文章一样，按照第一点、第二点、第三点这样去写，但真正说话很少有人能够做到。一般都是前面一段还逻辑清楚，到后面就乱了。通过训练，是可以很有条理地把事情说出来的。

以上写的是我们不要做哪些事情，接下来我们说说要做哪些事情。

（1）从客观数据出发。从客观的数据出发锁定需求，提前做些准备，这样更容易让现场同事信服。

（2）从工作经验出发。从自己的实际工作经验出发，用自己的亲身经验影响大家。比如这个行业有哪些好的方式方法，哪些方法是可以借鉴的。

（3）从现场观点出发。现场的观点可能分为几类，自己选择一个比较认同的观点进行阐述，不要做站在马路中间的人，要向某一个方向靠近才行。

（四）应用练习

客户公司是做农产品的，现在要进入冷冻市场，要对消费者的需求、物流的要求、公司的实力等进行研究。于是项目总监要求召开需求分析会，让大家讲讲对于这个市场的了解和亲身体会。到时你该如何准备并发挥自己的作用呢？

百万思维

有无在先，对错在后，先形成自己的观点再去考虑对错。在没有观点的情况下，对错没有任何意义。

二、如何有效进行头脑风暴会

思考：

（1）参与头脑风暴会要注意些什么问题？

（2）在头脑风暴会上表现的方法有什么？

（一）情景案例

梁A为了更好地发挥自己的能力，于是加入咨询公司想系统地训练一下。

这一日，公司发布通知说奇×品牌要进行一个促销活动，需要创意，希望没有项目的同事都去参加头脑风暴会议，以便碰撞出更多的想法和主意。

梁A一想，去见识一下吧，于是参加了会议。会上大概有20多位咨询师，梁A第一次见这种场面，感觉别扭。头脑风暴会上大家的想法天马行空，有人说美女走秀，有人说裸体彩绘，有人说送宝马汽车。梁A被惊得目瞪口呆，心想这不是一群疯子吗？是把客户的需求当儿戏了吗？在这样的公司能学到什么呢？对自己的选择产生了怀疑。

（二）案例分析

（1）没有见识过思想碰撞。梁A不知道怎么参与头脑风暴会，对咨询行业的工作形式不是特别了解。笔者刚刚进入咨询行业的时候也以为这是一群天马行空、思想怪异的人。梁A觉得学不到什么，其实是自己的思路没有拓开。

（2）学习和行为怪异是两回事。你看别人怪异，别人或许还认为你怪异呢。就像我们穿正装去沙滩，一看大家都穿比基尼，觉得这里的人怎么这么怪异呢？实际上是自己怪异。在头脑风暴会议中，你有点怪异的想法也可以接受。

（三）策略方法

（1）理解意义。头脑风暴是无中生有的一种方法，让自己大脑一片空白，然后去填充，建设大厦。也就是说，脑海中什么想法都可以有，把所有的障碍全部拆除，然后天马行空地去想。

（2）全身放松。在身体和思想都放松的时候才能让自己的灵感不断地迸发出来，要不然你就无法参与其中。想到什么说什么，在说的时候，有不错的思路要整理，在整理的时候要停下来。你的一个想法或许不会被采纳，但是由于你的奇思妙想带动了其他人的想法，让大家有更多的想法，这样也是为此次会议做了贡献。

（3）逼迫自己。头脑风暴就是逼迫自己有更多想法的时候，有什么就说什么，想到哪儿就说到哪儿，不要害怕、不要害羞、不要扭扭捏捏。当你参与其中的时候，就会发现原来头脑风暴会是这样的，逼迫自己成长。

（4）维持现场。作为一个好的咨询师，要在任何场合中发挥自己的作用，让自己脱颖而出，成为组织者和领导者。

头脑风暴特点：

（1）追求数量。头脑风暴强调数量而不是质量，目的是获得尽可能多的设想，因而追求数量是首要任务。参加会议的每个人都要抓紧时间多思考，多提设想，至于设想的质量如何，可留到会后去解决。

（2）自由畅谈。头脑风暴鼓励荒谬牵强的想法，让大家自由畅谈，同时也鼓励对想法进行发挥，将大家的想法串联起来，更深入地挖掘一切可能性。

（3）延迟评判。在头脑风暴现场禁止批评的同时不做评价，更无须判断。一切评价和判断都要到会议结束以后再进行。

（4）避免陷阱。在组织头脑风暴的过程中会有很多陷阱，我们必须小心应对。与会人数过多或是太少效果都不好，同时也要避免现场不是全员参与，只有部分参与者发言的情况。另外，活动中还会出现参与者不遵守规则的情况，对此要防范。

头脑风暴操作知识：

（1）要建设开放的环境。组织者不该给参加者任何条条框框的限制，应让其放松，从不同角度、不同层次、不同方位大胆地展开想象，尽可能地标新立异、与众不同，提出独创性的想法。

（2）要进行明确的分工。现场最好有 4 种角色，分别是主持人、记录员、专家和参与者。主持人的作用是在头脑风暴开始时重申讨论的议题和纪律，在会议进程中启发引导，把控进度。如通报会议进展的情况，归纳某些发言的核心内容，活跃会场气氛，鼓励提出意见和讨论等。记录员应及时记录与会者的所有设想，最好写在黑板醒目处，让与会者能够看清。记录员也应随时提出自己的设想，切忌持旁观态度。专家的作用有两个：一是澄清问题；二是回答问题，补充资料。对会议过程中出现的专业问题、行业信息等给予专业指导，同时做部分资料补充。参与者的主要作用是尽量提出主意，并通过发问来更深入地探讨问题。

（3）确定形式。一般头脑风暴的形式有两种：一是非结构化的，二是结构化的。非结构化的形式是，个人任意地说出想法，然后把所有的想法记录下来。结构化的形式是，参与者轮流说出自己的想法，将想法一一记录下来。

在这里笔者给大家介绍这两种形式的优缺点，便于大家深入了解。

请看表 1－2，非结构化头脑风暴的优点是：见解自然未经雕琢、易在他人的基础上发挥、鼓励创造性、节奏快；缺点是会议难以主持、外向型成员易占主导地位、当成员不思考而立刻发表见解时易迷失方向。结构化头脑风暴的优点是：不易让某个人主导整个过程、强迫性地参与、易主持、允许成员有时间考虑；缺点是难以等到下一个人的发言顺序、慢节奏、不易在他人的基础上再发挥。

表1－2　两种头脑风暴形式的比较

两种头脑风暴形式	优点	缺点
非结构化头脑风暴	1. 见解自然未经雕琢 2. 易在他人的基础上发挥 3. 鼓励创造性 4. 节奏快	1. 难以主持 2. 外向型成员易占主导地位 3. 当成员不思考而立刻发表见解时易迷失方向
结构化头脑风暴	1. 不易让某个人主导整个过程 2. 强迫性地参与 3. 易主持 4. 允许成员有时间考虑	1. 难以等到下一个人的发言顺序 2. 慢节奏 3. 不易在他人的基础上再发挥

（4）要设定时间。会议时间由主持人确定，不宜在会前定死。一般来说，以几十分钟为宜，时间太短与会者难以畅所欲言，太长则容易让人产生疲劳感，影响会议效果。经验表明，创造性较强的设想一般要在会议开始10～15分钟后逐渐产生。会议时间最好在30～45分钟。倘若需要更长时间，就应把议题分解成几个小问题分别进行专题讨论。

（四）应用练习

作为公司的新人，赵E非常积极，爱好学习，促使自我成长，也参加了公司的几次会议。这次总监说："为了锻炼你，你去召集所有新成员进行头脑风暴，看看能不能想出几条我们这个品牌的传播口号。"这下可难倒了赵E，自己又要贡献，又要组团队。头脑风暴会到底怎么开，赵E该如何把握自己的角色组织好此次头脑风暴会议呢？

百万思维

头脑风暴会的作用很大，关键在于我们如何控制它。一旦控制得当，做咨询将无往而不胜。

三、如何应对工作成果批判会

思考：

（1）成果批判会要注意什么问题？

（2）在成果批判会上表现的方法有什么？

（一）情景案例

毛A是公司的咨询师，刚参与咨询项目，由于写作能力还不太强，因此用了三天三夜的时间写一份PPT建议书。

这一日，项目总监说："把你们的成果都拿出来，我们开一次讨论会，邀请公司各个模块的总监来参加，帮助大家快速地提升自己的专业能力。"

由于毛A是建材行业出身，因此负责写建材行业方面的报告，但有一位擅长连锁店运营的总监李D却对毛A的报告滔滔不绝地提"建议"，指出这里要改进，那里要调整，说建材行业的水平太低之类的话。

毛A非常生气地说："您说的跟我们这个行业不一样，我做了这么多年建材行业的咨询，我了解情况。"李D也不示弱，说："我做了这么多年的咨询，非常了解客户。你写的报告，客户不会满意的，这不是要影响项目吗？没有哪个老板不喜欢自己的产品，都认为自己的产品好，你给他们的产品挑了这么多毛病，他能满意吗？其实是销售人员不会卖，所以你应该从这个角度去写，才能让老板高兴满意。"

毛A心想，这是什么逻辑，愤然离场，使会议场面很尴尬。

（二）案例分析

（1）对于大会的性质没理解清，心态不够开放。会议的目的就是挑毛病并改进，所以无论别人说什么，听着就行，不用辩解，想用就用，不想用就不用，有异议的地方探讨一下，追问一下，不理解的多请教，这才是上策，没有必要产生冲突。再怎么说他们也是来帮助我们的，能用到多少，要看自己的吸收能力。

（2）对咨询的核心——老板的需求要有更深入的分析。咨询师毛 A 的经历较少，对于老板的心态把握不足。有人会说真的会有这种情况吗？其实老板是付钱的，所以你要分析老板的需求。不是你认为对的，客户就都能接受，也有可能不接受。当然我们也不能胡说八道，一定要迎合客户的需求，找准关键点再写。

（三）策略方法

（1）虚怀纳谏。强迫自己接纳现场所有人的建议，先接纳后筛选，避免现场发生争执，造成现场尴尬。笔者经常会这样想，甚至在与别人交流的时候也是这样，先接受别人的想法，不管好坏照单全收。相当于一桌子菜，你先看一看，尝一尝，尝过之后再下定论。有些菜当时不喜欢，是因为你当时没接受口味。过些时候，多了经验，会有不同的想法，感觉会不一样，会发现原来他们说的是对的。所以，虚怀纳谏十分重要。

（2）保持清醒。要保持清醒的头脑，哪些是可以吸收的，哪些是不可以吸收的。自己必须有自己的立场、自己的主见。其他人是帮助你的，你有权选择是否接受，因为最后去面对客户的是你。到时当你自己解释不通时，没有人会帮你。所以吸收内容要保持清醒的头脑，不能人云亦云，不能接受每个人说的。

（3）利用现场。既然对方爱指正、爱表现，你可以说："李老师，那您帮忙写一下这个模块的要点，我现在就改一下。"通过现场的表现，建立后期可以互助的关系，何乐而不为。

（四）应用练习

项目总监说："各位同事，我们下周一举行成果批判会，各位都写了 5 天了，成果应该可以展示一下了，如果还不成熟的，抓紧写。"而你写的板块才刚刚动笔，自己都觉得没有底。面对这样的情况，你该如何应对成果批判会呢？

百万思维

批判是一种莫大的压力，能够承受的都是能人之中的能人，逆商了得。我们是否有这种功力，决定了我们的成就高低。

四、如何在总结会上展现自己的成绩

思考：

（1）参加总结会要注意什么问题？

（2）在总结会上表现的方法有什么？

（一）情景案例

黄 A 为人很热心，在项目里面像个勤杂员，苦活累活都干，比如收集资料、统计数据、制作表格、沟通会议、发邮件等。

在项目总结会上，项目总监让大家谈谈自己对这个项目的贡献，因为要根据个人的贡献发放过去三个月的项目奖金。大家都说了，而黄 A 生性腼腆，一直默默无闻，自然没有什么表现，觉得自己做的也就是平常事。

最后项目总监给黄 A 发放了 5% 的奖金。

黄 A 郁闷不已，心想为什么干得多拿得少呢？

（二）案例分析

黄 A 不善于表现自己。表现自己需要一些学问，既不能太张扬，也不能太保守。

（三）策略方法

（1）诉说其难。主要讲述你负责的工作是多么的难，自己是怎么费九牛二虎之力才完成的。很多人都会这样做，比如有的人本来没做出多大成绩，但说得像除了他，别人都干不了似的。人很多时候都是感性的，会比较冲动，就像客户买东西一样，也是出于冲动才买的，如果要考虑这考虑那，可能最后什么都买不了。在总结会上要想把自己推销出去，一定要表现才行。

（2）诉说其重。说明自己负责工作的重要性，是核心部分、是关键。没有这个关键，其他部分都没有存在的意义。当然现场不能这么说，要通过一定的话术表达出来，可以借用客户的说辞，比如“这个模块很重要，当时客户评价的时候说，如果早按照这个方案做，那他们的业绩至少翻两番”。

（3）诉说其多。说明自己做的事情很多，包括职责范围内外的事，有很多是做了但大家看不到的事情。把自己做过的事情尽量用某种方式表达出来。

（四）应用练习

泰×电器项目告一段落，项目总监召开项目总结会，并要求每个人都发言。虽然每个人的贡献他心里都有数，但还是要听听大家的意见，让每个人有展现自我的机会。你虽然发挥了关键作用但是工作时间并不长，请问你该如何展现自己从而赢得更多的认可呢？

百万思维

不争也是争，人在江湖不得不争。君子之道，取之有法。

第三节　报告撰写

一、如何构建咨询报告框架

思考：

（1）构建咨询报告框架的难点是什么？

（2）构建咨询报告框架的方法有哪些？

（一）情景案例

乐A是公司的咨询师，跟随项目总监有一段时间了。这次项目总监想让乐A深度参与，就让他负责写《市场调查咨询报告》。

这下可难坏了乐A，因为每次写报告都是项目总监把框架搭好，并且告诉他负责的模块主要写什么、需要哪些素材、从什么地方着笔，然后自己再动笔。而这次要自己写，不知道该怎么写。

乐A灵机一动，心想把自己每次写的东西都罗列出来，再加上过渡性的语句，不就是一份完整的报告了吗？乐A费了好大的力气，终于弄完了。

项目总监一看，说："你这个哪是报告，分明是5篇文章嘛？"

如果你是乐A，你知道如何撰写咨询报告吗？

案例分析

一味地跟随在总监的保护伞下，自己没有长大，没有学到写报告的核心、搭建逻辑框架。没有逻辑框架的报告就像没有骨头只有肉，看不出是什么，所以乐A要加强报告框架搭建的学习。

（二）策略方法

1. 框架无处不在

报告的框架有大有小，大报告有大报告的逻辑，小报告有小报告的架构。构建完报告中大模块的框架，还需要构建每个模块中的小框架。

2. 有效的逻辑框架

根据逻辑建立自己的内部框架体系，让整体更加明晰。

下面推荐几种搭建框架的方法。

（1）整体与部分。

即使你只负责部分内容，也需要建框架。

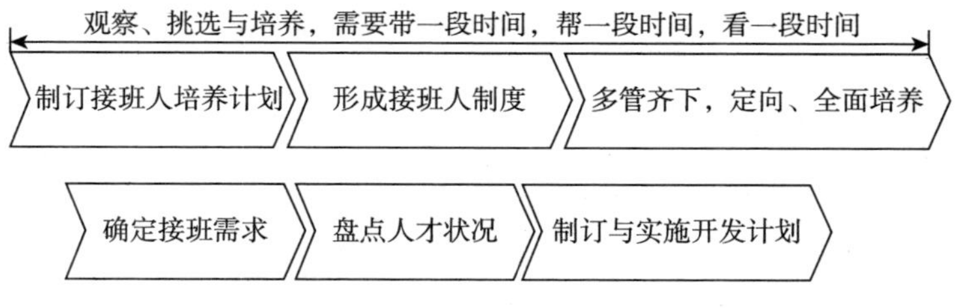

图 2－17　高层人才接班人计划

如图 2－17 所示，在“高层人才接班人计划”这个作业板块中，制订接班人计划是一个小模块，其中包含确定接班需求、盘点人才状况、制订与实施开发计划，然后再形成接班人制度。所以当你负责局部时，有总监给你规划；当你负责整体时，自己就要规划好每步怎么做，要十分明确。

三种常见的逻辑顺序是：从前到后、从大到小、从重要到不重要。你可以根据自己的需求来选择。

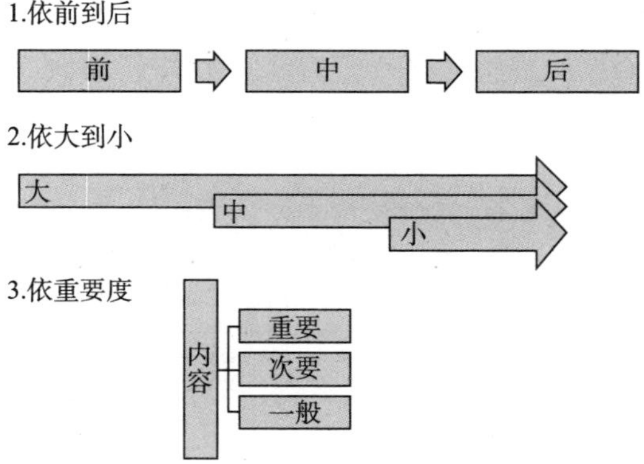

猜一猜：请问《苏×三级、四级市场诊断报告》是按什么顺序搭建的？是前中后、大到小还是重要到一般呢？

图 2－18 为某品牌报告的部分大纲，是按照从大到小的顺序搭建的框架，根据不同情况可以调整结构顺序，也可以按照重要性或者前中后的顺序搭建。

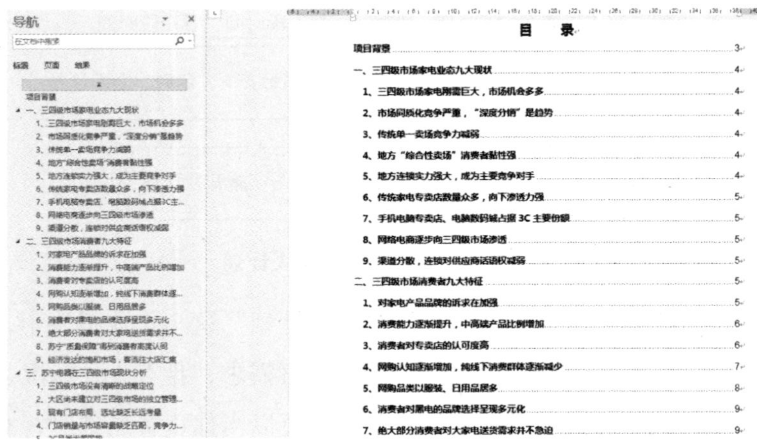
目　录

项目背景……3
一、三四级市场家电业态九大现状……4
1、三四级市场家电刚需巨大，市场机会多多……4
2、市场同质化竞争严重，“深度分销”是趋势……4
3、传统单一卖场竞争力减弱……4
4、地方“综合性卖场”消费者黏性强……4
5、地方连锁实力强大，成为主要竞争对手……4
6、传统家电专卖店数量众多，向下渗透力强……5
7、手机电脑专卖店、电脑数码城占据3C主要份额……5
8、网络电商逐步向三四级市场渗透……5
9、渠道分散，连锁对供应商话语权减弱……5
二、三四级市场消费者九大特征……5
1、对家电产品品牌的诉求在加强……5
2、消费能力逐渐提升，中高端产品比例增加……6
3、消费者对专卖店的认可度高……6
4、网购认知逐渐增加，纯线下消费群体逐渐减少……7
5、网购品类以服装、日用品居多……8
6、消费者对黑电的品牌选择呈现多元化……9
7、绝大部分消费者对大家电送货需求并不急迫……9

图 2－18　《苏×三级、四级市场诊断报告》的部分框架

猜一猜：笔者的第一本书《手把手帮建材家居导购业绩倍增》是按前中后、大到小还是按重要到一般的顺序搭建的框架？

图 2－19 是笔者写的第一本书《手把手帮建材家居导购业绩倍增》的部分目录。这本书从最重要的部分“心法”开始，然后分开来写，所以这是按照重要性来写的。

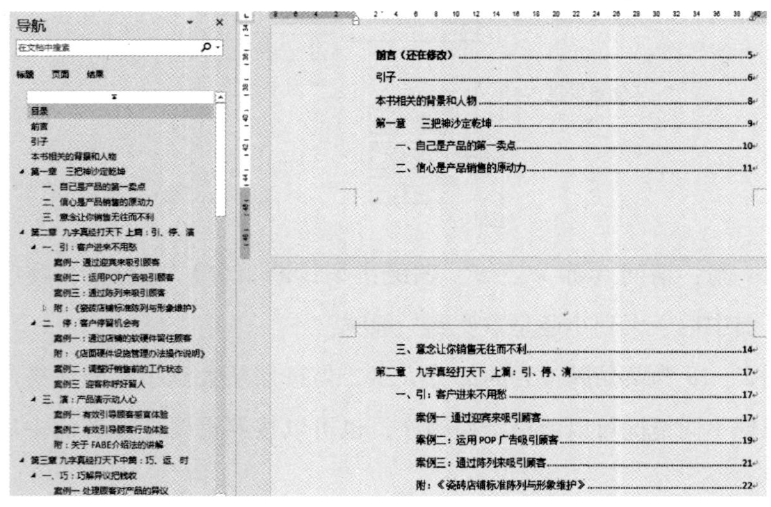
前言（还在修改）……5
引子……6
本书相关的背景和人物……8
第一章　三把神沙定乾坤……9
一、自己是产品的第一卖点……10
二、信心是产品销售的原动力……11
三、意念让你销售无往而不利……14
第二章　九字真经打天下　上篇：引、停、演……17
一、引：客户进来不用愁……17
案例一　通过迎宾来吸引顾客……17
案例二：运用 POP 广告吸引顾客……19
案例三：通过陈列来吸引顾客……21
附：《瓷砖店铺标准陈列与形象维护》……22

图 2－19　《手把手帮建材家居导购业绩倍增》的部分目录

3. 分类处理

将素材根据不同的类别和作用进行归类整理。

比如我们在整理资料时，会发现有很多的素材，那么就需要将所有的资料都分类整理，方便查找和检索。图2－20是将水果归在一个类别里面，包含葡萄、桔子、苹果。

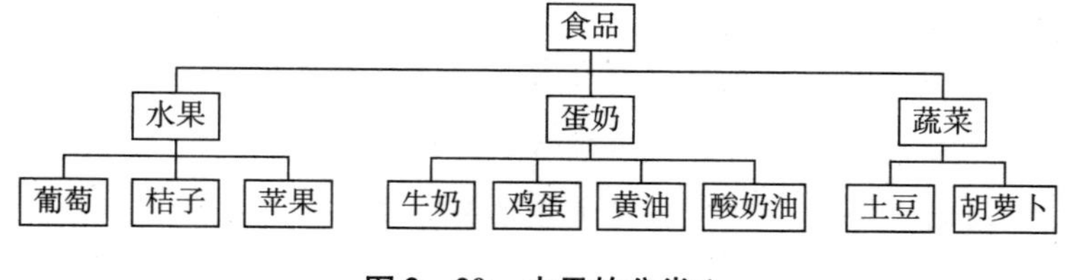

图2－20　水果的分类1

同样的素材，能用来做什么，那么分类的标准也有所不同，如图2－21所示。

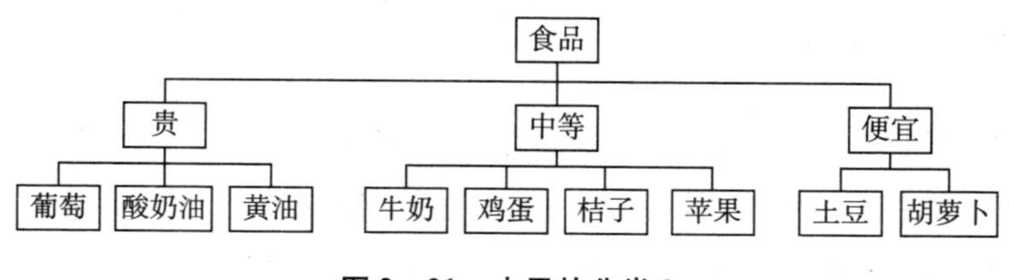

图2－21　水果的分类2

（三）应用练习

学习完搭建框架的方法，然后以促进公司绩效提升为导向，做一份以你的岗位为中心的工作职能报告，看看自己如何做才能更好地发挥作用（也可以根据公司的实际问题撰写）。

知识扩展：常用咨询分析方法与模型列表

一、战略与组织工具

（1）SWOT分析法：战略规划的经典分析工具

（2）PEST分析法（宏观环境的分析）：组织外部宏观环境分析工具

（3）BCG矩阵法（波士顿矩阵）：制定公司层战略最流行的工具

（4）GE 矩阵法（通用电气公司法）：企业决定发展战略的分析工具

（5）定向政策矩阵：战略业务组合计划分析工具

（6）IE 矩阵（内部－外部矩阵）：标识企业分布地位的分析工具

（7）竞争态势矩阵：企业战略制定提供竞争优势的分析工具

（8）麦肯锡三层面分析：企业设计战略规划、开拓增长的有效工具

（9）波特五力分析：行业竞争战略最流行的分析工具

（10）战略集团分析法：行业内企业竞争格局分析工具

（11）战略钟模型：企业竞争战略选择分析工具

（12）核心竞争力分析：分析企业有效竞争和成长的重要工具

（13）波特价值链分析模型：寻求确定企业竞争优势的分析工具

（14）利益相关者分析：战略制定和战略评价分析工具

二、营销服务工具

（1）4Ps 营销组合模型：制定市场战略最经典的营销理论工具

（2）产品生命周期模型：描述产品和市场运作方法的有力工具

（3）满意镜：提高消费者满意与员工满意的工具

（4）安索夫矩阵：应用最广泛的营销分析工具之一

（5）服务质量差距模型：服务质量简单有效的分析工具

（6）推销方格理论：直观有效的销售分析工具

（7）哈夫模型：最有效的计算商圈的分析工具之一

（8）服务金三角：服务组织管理的基石

（9）消费者金字塔模型：有效的消费者细分管理工具

（10）SPIN 销售法：系统化挖掘客户需求的销售工具

（11）营销战略新三角模型：战略业务架构分析工具

（12）服务利润链：服务管理最经典、最有效的分析工具

三、人力资源工具

（1）平衡计分卡：最具影响力的战略绩效管理工具

（2）360 度绩效考核：推进员工行为改变最有效的工具之一

（3）KPI：国际通行的企业经营绩效成果测量和战略目标管理的工具

（4）3P 模型：实施企业人力资源战略化管理的有效工具

（5）职位分析问卷法：最普遍和流行的人员导向职务分析系统

（6）关键事件技术：识别工作绩效的关键性因素的工作分析方法

（7）贝尔宾团队角色理论：目前最权威、应用最广的团队理论

（8）盖洛普 Q12 测评法：最经典的员工敬业度测评工具

（9）绩效棱柱模型：新颖的绩效测量和管理分析工具

（10）Lifo 管理系统（长处管理策略）：美国应用最广、发展最早的行为风格行为系统之一

（11）宽带薪酬设计：一种新的薪酬管理系统及操作流程

（12）霍兰德职业兴趣理论：通用的职业兴趣测验工具

（13）胜任素质模型：人力资源战略和组织整体战略紧密结合的重要工具

（14）职业锚：职业测评运用最广泛、最有效的工具之一

（15）海氏工作评价系统：目前国际上最为流行、使用最为广泛的岗位评估工具

四、质量及生产管理工具

（1）TPM（全员生产维护）：生产改善过程中的重要工具之一

（2）TQM（全面质量管理）：一项持续变革的有效管理体系

（3）定置管理：强化现场管理和谋求系统改善的科学管理方法

（4）5S 现场管理法：现场科学管理的基础工具

（5）六西格玛：世界最先进的质量管理法

（6）JIT 生产方式：使生产有效进行的新型生产方式

（7）QFD 法（质量功能展开）：一种消费者驱动的先进质量管理应用技术

（8）田口方法：质量管理利器、企业技术创新不可或缺的工具

（9）甘特图：最常用的项目控制管理的有效工具

（10）PDCA 循环：有效控制管理过程和工作质量的工具

（11）零缺陷管理法：企业质量管理方法的又一次革命

五、财务管理工具

（1）杜邦分析法：企业业绩评价体系中最为有效的工具之一

（2）比率分析法：财务分析最基本的工具

（3）经济附加值：当今最热门的财务创意

（4）财务分析雷达图：企业经济效益综合分析工具

（5）零基预算法：对企业的预算决策进行控制的有效工具

（6）净现值法：企业投资决策中最基本、最常用的一种方法

（7）沃尔评分法：对企业财务信用能力综合评价的方法

（8）本量利分析：实施目标成本管理的一个重要工具

六、项目与物流工具

（1）SCOR 模型（供应链运作参考模型）：第一个标准的供应链流程参考模型，供应链一体化的得力工具

（2）ECR 系统（高效消费者回应）：一种新型的供应链管理策略

（3）快速反应策略：企业实现供应链竞争优势的有效管理工具

（4）绿色供应链管理：可持续发展的供应链管理模式

（5）责任矩阵：项目计划十分重要的工具

（6）关键路径法：项目管理中应用最为广泛的方法之一

（7）逻辑框架法：项目质量评价的综合评价方法

（8）PERT 网络分析法（计划评估和审查技术）：有效的项目进度管理工具

（9）工作分解结构：项目管理众多工具中最有价值的工具之一

七、决策思维工具

（1）德尔菲法：一种高效重要的判断预测工具

（2）六项思考帽：有效实用的决策与沟通工具

（3）KT 决策法：最负盛名的决策模型

（4）头脑风暴法：激发团队创新的有效决策工具

（5）垃圾桶模型：一种企业内部的决策制定模式

（6）5W2H 分析法：一种调查研究和思考问题的有效办法

（7）决策树分析法：现代管理决策者常用的有效工具

（8）综摄法：开发潜在创造力的一种创新方法

（9）戈登法：适用自由联想的技术创新技法

（10）奥斯本检核表法：创造技法之母，最著名、最典型的检核提问型创新法

百万思维

“知之者不如乐知者，乐知者不如用之者”，学富五车不如用之一二。

二、如何撰写 Word 版报告

思考：

（1）撰写 Word 版报告的难点是什么？

（2）撰写 Word 版报告的方法有哪些？

（一）情景案例

王 F 之前是位优秀的销售经理，进入咨询公司没多久就随团队参加了天 × 项目组，做市场走访，收集信息，访谈……

回来后，面对一堆的访谈记录，他不知道该怎么操作，于是不管三七二十一，能写多少写多少。王 F 用了三天的时间写了 2 万多字的报告，然后提交给项目总监。

项目总监一看，笑着说：“这完全就是一篇小学生作文，写了所见所闻，那个经销商怎么说的，那个业务员是什么态度，那个老板反映的情况不真实……”

王 F 看到项目总监的表情十分尴尬，可是也不知道自己错在哪里。

如果你是王F，你该如何写Word版的报告呢？

案例分析

王F没有自己的观点，只有自己的感受，所以写出来的东西只能给自己看，不是给客户看的。

作为咨询师必须带着顾客的问题下去，带着自己的想法回来，而写出来的，既不是问题也不是想法，而是观点，你认为是什么、为什么、该怎么做的一套各种观点凝结成的解决方案。

（二）策略方法

（1）报告与文章。写报告不是写小说而是写议论文，必须论据充分、观点鲜明。论点可以是自己的想法，比如“我认为现有的经销商60%应当被砍掉”，然后证明自己的观点，用“98%的经销商手底下没有业务员”等来论证。

（2）需求导向。要以客户的需求为导向，明确你的观点。

（3）要细致检查。尽量不要出现其他品牌的标识、语句等。因为初级咨询师有时候会参考别人的PPT，引用一些经典的案例，因此当中可能会有原作者的标识、语句。

附：《苏×三级、四级市场诊断报告》之家电业态9大现状

第一，三级、四级市场家电刚需巨大，市场机会多多。

项目组通过对华东地区、西南地区、华南地区、华北地区、上海市等21个代表区县市场的调研，综合各行业的数据，发现随着城镇化的推进，消费者对房地产市场下游的家电需求仍然旺盛。根据监测到的月度数据，2014年1月~5月，三级、四级市场零售额同比增长12.4%，比一级、二级市场的增幅高9.3%。刚性需求仍长期存在已成共识，如目前家庭的空调装机数量偏低，而发达地区农村家庭的需求更大；大容量冰箱还在普及过程中；40英寸以上大屏幕彩电的市场空间大；4.5英寸大屏幕手机等非耐用品的更新换代需求长期存在；正规品牌的厨卫产品会逐步替代杂牌厨卫产品占据主流市场，以苏×现有竞争力与市场渗透潜力，还有很多市场机会。

第二，市场同质化竞争严重，“深度分销”是趋势。

无论是国美、苏宁、五星，还是当地卖场、专卖店，三级、四级市场基本是品牌专柜陈列，各渠道的同质化经营严重，拼价格、拼资源、拼服务，难以突破行业的游戏规则。同时，地方卖场比国美、苏宁等更早进行深度分销。

第三，传统单一卖场竞争力减弱。

单一卖场竞争力削弱有四个因素：一是单一卖场的资金被挪用，一旦厂家资源减少，会出现经营危机；二是有的卖场处在新老交替阶段，新生代的经营理念与老的经营理念冲突，导致卖场的经营状况每况愈下，不具可持久性；三是靠老板个人的能力、人脉经营，抗风险能力弱；四是大连锁品牌的进入导致消费者分流，如，定远县某电器 2013 年的销售额是 2600 万元，2016 年由于门店装修，营业额直线下降。

第四，地方性综合卖场的消费黏性强。

在市场相对封闭落后的区域，地方性综合卖场成为主要竞争对手。利用建材家具、家私等多元化绑定经营，实现跨行业引流；人员统一训练有素；消费者黏性强；多利润渠道来源；有资本化运作能力；有快捷服务平台；有灵活的价格机制；有强大的人脉关系及增值售后服务是其生存的法宝。地方性综合性卖场不缺少人流，在当地经营多年，口碑好。苏 × 一旦开业人气不旺，则会持续这种状况。如，芜湖南陵县的舒 × 家居，2016 年年销售额是 3000 万元，具有很强的消费者黏性，其店员的服务意识也很强。

第五，地方连锁实力强大，成为主要竞争对手。

地方性的连锁品牌经营多年，操作手法与苏宁、国美较为接近，在消费者中的知名度、认知度高。无差异的购物体验不会改变消费者的购物习惯，即使是百货电器联营。消费者先入为主的购物理念需要外来企业颠覆性的强刺激，方能改变。如重庆百货大楼股份有限公司的铜 × 店，年销售额达 8000 万元，而其旗下的合江店年销售额为 1500 万元，利群集团胶州商厦有限公司的年销售额为 7000 万元。

第六，传统家电专卖店数量众多，向下渗透力强。

工厂自建渠道已成行业共识，如美的、格力、海尔、海信、科龙等。厂家扶持当地经销商开专卖店，利用当地经销商的人脉网络和服务占据工程及城镇市场。地方经销商通过与生俱来的敏锐嗅觉，寻找超低价货源，然后囤货抛售，以“高毛利＋零售＋工程＋维修服务”的盈利模式得以生存。如叙×美的年销售为800万元，其网点遍布乡镇。厂家扶持代理商继续开发乡镇二级批发商，大量转移了上游库存压力。二级批发商点对点的服务能辐射到乡镇村落，以即时物流、售后、维修服务蚕食市场。其数量多、成本低，不可忽视。

第七，手机电脑专卖店、电脑数码城占据3C销量主要份额。

手机专卖店数量众多，占据主要商圈，利用价格促销、配件、维修服务等多种方式，占据70%左右的年轻消费群体市场；三大运营商的网点辐射继续稀释市场；山寨杂牌手机抢占低端市场。

电脑产品与手机接近，苏×与众多专卖店相比，无优势可言。电脑数码专卖店对渠道的吸引力强、实体样机多，可以集中比价，有专业导购，可以安装调试、满足即买即提的需求等优势是小店无法相比的。消费者对专业产品的专业性服务提出了现实要求。

第八，网络电商逐步向三级、四级市场渗透。

以京东、天猫为代表的电商已逐步渗透到三级、四级市场，但均是以建仓库、做广告的形式建立开放平台。如在宣城长途汽车站、邯郸苏宁超级店附近、胶州写字楼上均发现京东大幅广告牌，注重人流迁移的汇集地。从消费者调查看，上网人群中选择在京东购物的人数仅次于选择淘宝天猫的。2014年上半年，家电的线上销售达830亿元，同比增长56.6%，其中京东与天猫两者占据了90%的市场份额。在电器品类上，大家电的销售额为230亿元，小家电的销售额为160亿元。在整体规模下降的前提下，线上保持较快增长速度，三级、四级市场具有很大潜力。苏×实际上占据了无可比拟的优势，但未能迅速将线下硬件转化为线上核心竞争力。

第九，渠道分散，对供应商话语权弱。

由于渠道分散，苏×对供应商的话语权弱，难以靠强压获取厂家资源。厂家对资金、样机、人员、赠品等资源的投入在减少，更考虑经营质量。苏×则需要门店抱团争取资源。“我们哪里能拿到厂家的赠品啊，能进我们店就不错了。”“我们店没有一个厂家导购员。厂家不派，你有什么办法?”苏×的两位店长如是说。

大家不难看出，所有的标题代表观点，论据的形式有采访过程实录、数据说明等。这个方法可以复制到整个报告中，让你轻松完成报告。

（三）应用练习

请选择一个话题进行研究，然后写一份调查报告，包含主题的确定、选素材、列目录、标明观点、展开论据，最好能跟自己的工作结合。

百万思维

相信自己，能够说话就能够写文章、写报告，你只是缺少一点点方法。

三、如何撰写 PPT 版报告

思考：

（1）撰写 PPT 版报告的难点是什么?

（2）撰写 PPT 版报告的方法有哪些?

（一）情景案例

秦 A 是商学院的高才生，将很多文案工作做得很好，有文笔，在一家咨询公司实习。

项目总监夏A由于第二天早上要做一次培训演讲，于是让秦A整理一份用于演讲的PPT报告，并将要演讲的文案发给了秦A。

很快，秦A就将做好的PPT演讲报告发给了项目总监。

项目总监很高兴，但打开文件一看就傻眼了，心想这不就是Word的复制版吗？把秦A找来教育了一顿，说："这样的PPT，你还用了两个小时，我花两分钟就做完了。"

请问秦A应该如何做PPT演讲报告才能让上级满意呢？

案例分析

秦A犯了一个很低级的错误就是复制，Word的观点是用文字描述出来的，而PPT的观点是用图形表现出来的，所以单纯的复制文字，没有图形的表示，很难呈现出有效的观点，不利于报告的解读和演示。案例中的咨询师没有深刻地了解到Word和PPT传播方式的不同，加上自己经验不足，所以无法漂亮地完成任务。

（二）策略方法

1. 简洁明快，逻辑清晰

PPT演讲报告要简洁明快、逻辑清晰，让人一目了然，只需要展开说明即可，展示以图形为主。

2. 标题就是观点

PPT和Word的最大区别就是文字少、图形多、分析多。标题一定是观点，不是简单的×××概况、×××分析，而是市场一片商机、××公司独占鳌头。

3. 应用排版美化

PPT是用图形展示观点的，所以很多配图就要有自己的逻辑性，表达出你的观点，而不是用文字。

（1）从结论说起，标题就是观点。

一个糟糕的汇报者是这样汇报的：

"老板，我最近在留意原材料的价格，发现很多钢材都涨价了；

“还有刚才物流公司也打电话来说要提价；

“我又比较了几家的价格，但是还是没有办法说服他不涨价；

“还有，竞争品牌×××最近也涨价了，我看到……

“对了，广告费最近也比较多；

“如果……可能……”

假如他从结论说起：

“老板，我认为我们的产品应该涨价20%，而且要超过竞争品牌，因为：

“第一，原资料价格最近都涨了30%，物流成本也上涨了；

“第二，竞争品牌全部都调价10%～20%，我们应该跟进；

“第三，广告费超标，我们还应该挤出空间，可以做广告……

“老板，您觉得这个建议是否可行?”

（2）两种建立PPT逻辑结构的方法。

如果你对业务很熟悉，可以使用自上而下法，如图2－22所示。

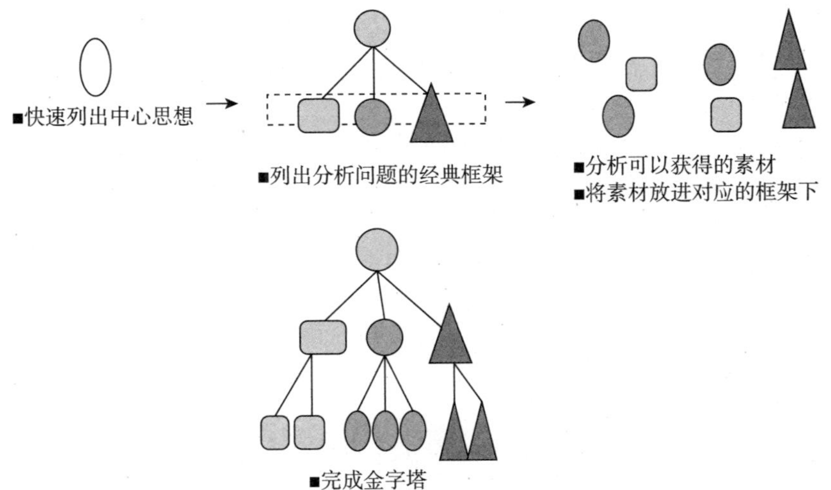

图2－22　自上而下法

如果你对业务不太熟悉，可以使用自下而上法，如图2－23所示。

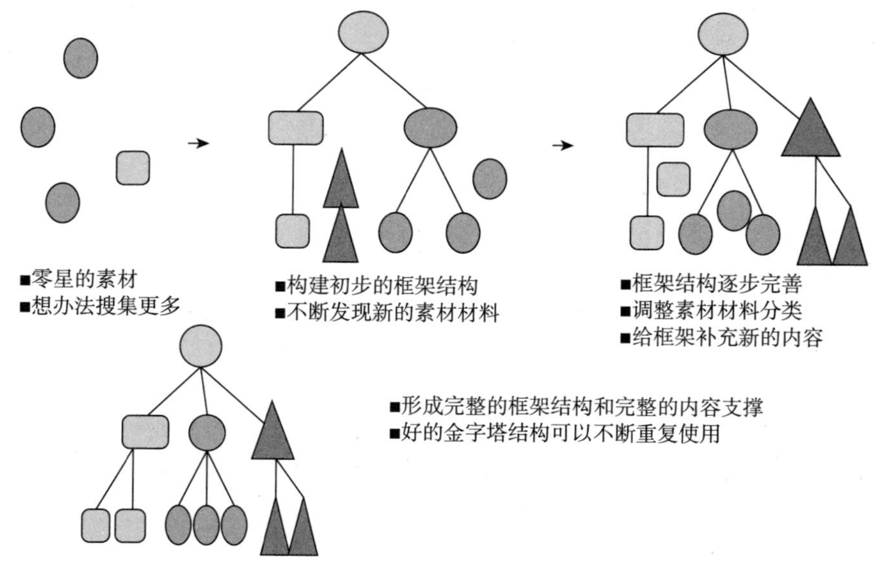

图 2－23　自下而上法

（3）PPT 的重点表达原则。

任何时候都要突出重点，如最希望别人知道的，最希望别人记住的，最想向别人传递的。能够吸引别人的亮点，如创新和构思，开头吸引人，整个演示设计得好。

重点突出的错误应用，如过多的动画、过多的剪贴画、过多的幻灯片切换、希望在短时间内传达大量信息。

重点突出的正确应用，有在正文前面加上摘要，将大量的数据放到附录里，每一页 PPT 必须有非常清晰的重点，每一个图形必须有非常清晰的重点。

（4）要有实战案例展示。

图 2－24 至图 2－28 为甲乙两个品牌的部分 PPT 资料。

项目组深入市场一线，走访了福建莆田、江西南昌、湖北广水、湖南衡阳、浙江台州、河南郑州、北京等代表性市场，进行经销商深度访谈、代表终端调研、分销商沟通、销售人员访谈等，**采集市、县、镇市场一线信息。**

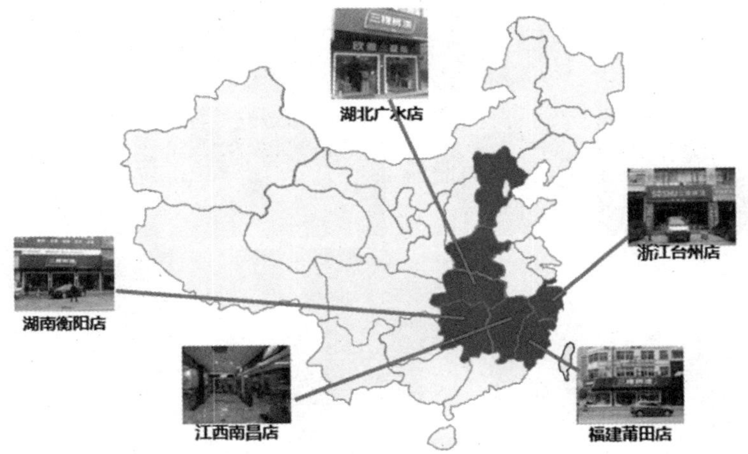

图 2－24　甲品牌部分 PPT 资料 1

项目组深入市场一线，三棵树终端“绿意盎然”，勃勃生机

图 2－25　甲品牌部分 PPT 资料 2

市场走访“看、谈、拍、访、窥”，受益匪浅

图 2－26　甲品牌部分 PPT 资料 3

SYMG　　人力资源计划

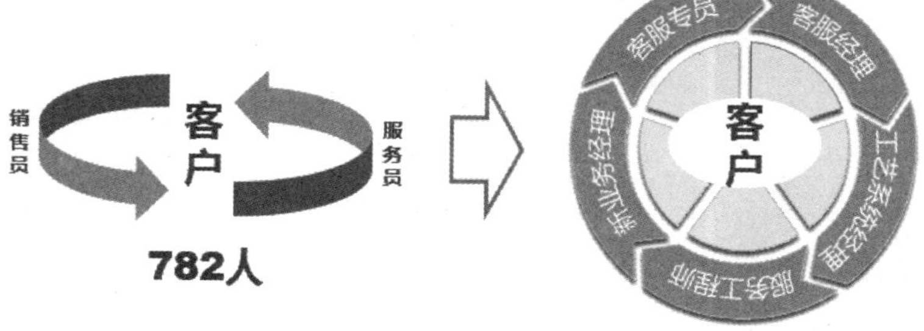

	大区经理	客服专员	客服经理	服务工程师	U渠道经理	工艺系统经理	技术经理	切削工程师	产品支持经理	平台人员	岗位
人数	30	350	200	400	30	30	30	30	90（事业部派驻）	209	1309
考核	市占率 新客户开发率 区域运营结果	陌拜数量 用户信息收集	销售指标	客户满意度	U渠道开发数量	工艺系统销售指标	技术支持 产品定义	切削方案	销售指标	综合	

unis

图 2－27　乙品牌部分 PPT 资料 1

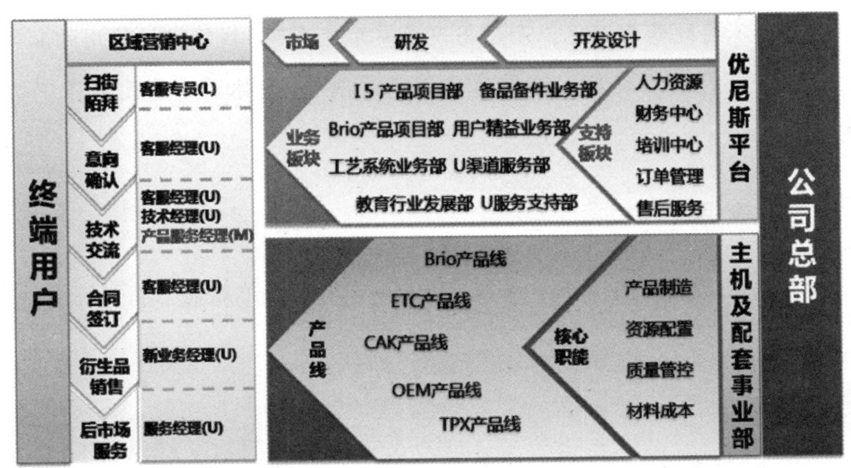

图 2-28　乙品牌部分 PPT 资料 2

附：PPT 报告写作过程中的 11 个注意点

(1) PPT 要有清晰、简明的逻辑，所以，最好用并列或递进这两种逻辑关系制作。

(2) 一定要通过不同级别的标题表明整个 PPT 的逻辑关系，但逻辑关系级别最好不要超过 3 级。

(3) 通过母版定义你的 PPT 风格。在商业应用中，一般应使用“保守”的风格。

(4) 在所有的风格中，最重要的是“简明”：尽量少的文字，尽可能多的图表与简洁的数字。

(5) 天头、地脚要留白，所以，母版背景切忌用图片，而应空白或使用很淡的底色，以凸显图文。

(6) 用标准的、已被成功应用的各类图表工具（后面会详细介绍），不要自造。

(7) 尽量少地使用动画、声音，特别是在一些正规的场合。

（8）整个 PPT 最好不要超过 4 种颜色。

（9）整个 PPT 的颜色一定要协调，因此建议用同一个色调。

（10）不要随意用颜色，而应用“屏幕取色器”，找经常被使用的颜色。

（11）完成 PPT 之后，切换到“浏览视图”，整体看看有无突兀不协调的地方。

（三）应用练习

做一份 12 页的 PPT 资料，要求有观点、有逻辑、有排版、有幻灯演示。

百万思维

Word 报告要“理”，PPT 报告要“靓”。理得清楚、靓得起来才是王者风范。

四、如何撰写客户公司的企业操作手册

思考：

（1）撰写企业操作手册的难点是什么？

（2）撰写企业操作手册的要求有哪些？

（一）情景案例

咨询师王 G 参与的天 × 项目现在处于编写企业操作手册阶段。由于都是些“重活”“累活”，项目组内的老咨询师都不爱干，经常是动口不动手。

项目总监就把天 × 项目一线员工销售手册的编撰工作交给了王 G。

王 G 想，反正我来的时间也不长，正好是自己表现的机会，于是大张旗鼓地干了起来。按照撰写报告的形式，搭建了框架，堆砌了所有的要点。

王 G 想，差不多了，给客户看看，然后再修改。结果客户拿出一份三

年前编好的企业操作手册丢给王 G 说："你看看，你这编的还不如我们自己编的呢。"

王 G 尴尬不已，请问要怎样才能让企业操作手册超越客户的水平呢？

案例分析

咨询师王 G 忽略了一点，就是咨询是站在巨人肩膀上的游戏，而不是你自己是个巨人。我们需要站上去的第一个巨人就是客户，王 G 自认为自己就是专业大咖，结果遭遇滑铁卢。所以在编写之前一定要了解好顾客现在是什么水平，在他们的水平之上来去创造更好的作品，这才是我们要做的事情。

（二）策略方法

（1）作用导向。这本手册是用来做什么的？是给谁用的？是后台留存的，还是要发给客户的？这些问题决定了手册要怎么编写。

例如，我们给东 × 瓷砖撰写的《终端导购形象维护手册》目的是："为了打造东 × 瓷砖在消费者心目中的国际品牌形象，提升导购员的成交率，东 × 瓷砖根据国际标准礼仪的规范要求，制订了导购员在接待消费者过程中的服务礼仪规范。"

图 2 – 29 是我们帮东 × 瓷砖制订的销售礼仪规范。

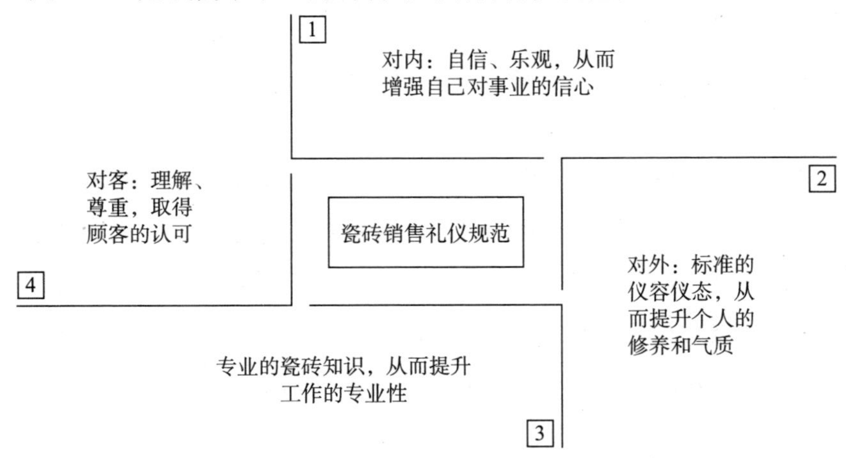

图 2 – 29　东 × 瓷砖导购员的销售礼仪规范

礼仪能树立专业可信、优雅的导购员形象，而导购员自信、自然、不卑不亢的态度，能获得消费者的尊重及认可，并提升成交率。

（2）体系完善、系统。一份好的操作手册一定要规范，有流程和表格，让别人易使用。

（3）图文并茂。操作手册要看起来生动活泼，易于阅读，并且符合客户公司的实际情况。

附：《终端导购员形象维护手册》节选

销售礼仪是指在销售瓷砖的过程中，导购员所体现出来的礼仪、礼节。其具体关键点如图 2 – 30 所示。

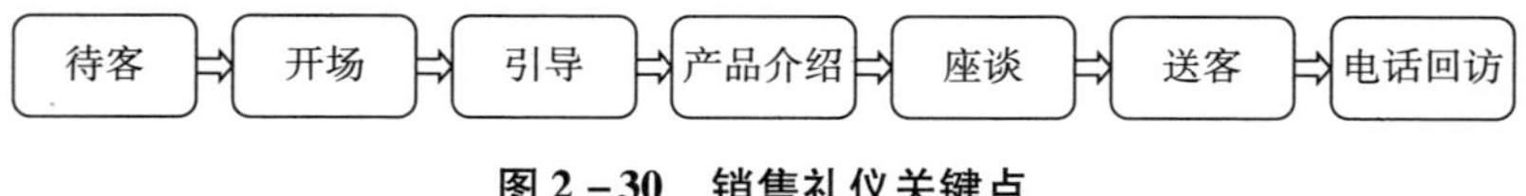

图 2 – 30　销售礼仪关键点

（1）待客礼仪。待客礼仪是指在展厅没有消费者的情况下，导购员所体现出来的形象与风貌，主要是在展厅前台大堂的情况。

（2）开场礼仪。开场礼仪是指消费者来到展厅的时候，导购员迎接消费者所体现出来的行为礼仪规范。这里有两种情况：一是有迎宾台迎接，二是前台迎接。

（3）引导礼仪。引导礼仪是指与消费者开场后，对消费者进行空间上的引导。导购员进行开场后，消费者的反应一般有两种：一是需要引导的，比如消费者说“我想看砖，用来铺地板的”；二是不需要引导的，比如消费者说“我先自己看看，先不用管我”。

（4）产品介绍礼仪。产品介绍礼仪是指当消费者需要导购员进行产品介绍时，导购员所体现出来的礼仪。产品介绍礼仪包含 5 个方面：消费者的距离、方向、站姿、手势和交谈。

（5）座谈礼仪。当进行到座谈阶段时，导购员可以说：“××先生，辛苦了，请在休息区坐会儿，我帮您整理下我们刚才选购的产品。”座谈礼仪包括：入座、坐下、上茶、会谈、手势和送客。

①入座

先帮消费者移椅子，让消费者坐下来，然后自己在消费者左手位置坐下，比较便于沟通和交谈。入座时，要轻而缓，走到座位前面转身，右脚后退半步，左脚跟上，然后轻轻地坐下。如果是裤装，坐下时，双手扶衣；如果是裙装，双手捋平裙子后，再坐下。如图 2－31 至图 2－33 所示。

图 2－31　导购员入座礼仪 1

图 2－32　导购员入座礼仪 2

图 2－33　导购员入座礼仪 3

②坐下

导购员坐下后，上身直正，头正目平，脸带微笑，腰背不能倚背，两手相交放在腹部或两腿上；小腿与大腿呈 80 度，大腿与上身呈 90 度。女士要双膝并拢。具体如图 2－34 所示。

图 2－34　导购员坐下后的礼仪

③上茶

无论多少人，导购员应该使用托盘端茶杯。茶杯装四分之三的茶水即可。送茶水时，应该从顾客的左后方送过去。先将托盘放在桌面上，双手捧杯，然后递给顾客，要微笑点头示意。顺序为客人优先、职位高者优先。递完后，导购员双手拿起托盘，后退一步，行礼并致意说一句“打扰了”或“请您品尝”，然后再离开。具体如图2-35、图2-36所示。

图2-35　导购员上茶礼仪1

图2-36　导购员上茶礼仪2

④会谈

导购员在与顾客交流时要保持微笑，如图2-37所示。当与顾客面对面交流时，眼神注视在顾客的鼻间眼神之间，但不超过三秒钟。没有紧急事情，不接电话或打电话。如果要接电话，则先与顾客道歉后再接电话。

图2-37　导购员在交流时要保持自然微笑

⑤手势

会谈时，手可以在小范围内进行小角度的肢体动作（如图2-38所示），避免抬手过头或者伸手过长。切勿双手交叉在胸前！

图 2-38　会谈时的肢体动作

(6) 送客礼仪。当销售过程接近尾声，顾客需要离场时，导购员就要对顾客进行送别。

(7) 电话礼仪

接待完顾客后，在适当的时机，要对顾客进行回访，内容可以是通知顾客现在举行的活动、新产品的上架等。但要注意几点。

1. 选定时间：尽量避开顾客休息、用餐、上午上班的时间，而且最好别在节假日打扰对方。如果对方不接，则过二个小时后才能再次拨打顾客电话。而且一天不能超过三次拨给顾客（包括不接的）。

2. 通话准备：坐在前台前，准备好纸和笔来打电话，不要出现需记内容的时候，让顾客等待。

3. 通话时间：尽量将时间控制在三分钟，讲电话的内容先准备好。

4. 通话内容："您好，×先生！这里是××瓷砖。我是小张，想打扰您一分钟时间，请问您现在方便接电话吗？"

5. 通话结束：当通话结束时，要记得给对方祝福："×先生，谢谢您对××瓷砖的支持，祝您生活愉快。"然后等顾客先挂电话。

（三）应用练习

自己制作一份岗位的操作手册，指导自己，或是让接替你的人能顺利完成你的工作。看看你能不能将岗位操作手册制作得让人一目了然，图文并茂。

百万思维

手册制作的质量如何，严重影响客户对项目的满意度，所以要精心编写。

五、如何撰写问题解决方案

思考：

（1）撰写问题解决方案的难点是什么？

（2）撰写问题解决方案的方法有哪些？

（一）情景案例

咨询师安 A 参与了婷 × 项目组的工作。婷 × 项目组往年制订的促销策略都很管用，而 2017 年不知道为什么，各种招都用了，就是不见效。

客户要求项目组给出一份促销执行方案，要有目标、有效果、有评估、可操作，而不是理论性指导文件。

于是这个任务就落在了安 A 的头上。

安 A 觉得，方案都差不多，于是就在网上找了几个方案，组合整理后交给了项目总监。项目总监收到后狠狠地批评道："我都能看出来这些方案是复制的，难道客户就看不出来吗？我要是把这个交上去，这不是等着断单吗？"

安 A 很委屈，心想我也不知道怎么写啊？

案例分析

咨询师是治病救人的角色，是抓处方药的医生，不是连锁药店的售货员。我们拿出来的东西必须是精细的搭配组合，是量身定做，没有这个本事和功力就不要做咨询了。任何一副药机理可能一样，但搭配组合出来的表象一定是不同的，而且根据体质的不同用药量不同，而随便在药店抓几个特效感冒药的组合，明显不是那么回事情。

（二）策略方法

（1）深入客户公司。要想写执行方案，必须深入客户公司进行中高层的调查和市场的研讨，有针对性地去找准方向才可以，这些是必备的。而市场上很多公司用以往的讨论或是其他公司的成功模式去套用，这样不负责任的行为是不对的，虽然也能起到一定的效果，但是不是做咨询的本职。这个有点像培训，反正我给你的都是好东西，做不做得到就是你的事情了，而做咨询方案不是给好的东西就行，是给对的东西，越适合越好。

（2）系统解决。系统分解开来就是制度、流程、表格，方案中的工具、表格都是根据客户的发展要求使用的，并且还要有一定的战略高度。根据公司的不同制定不同制度规范，根据规范拟定操作流程，根据流程制定各种表格工具进行流转安排，一个系统就运行了起来。

（3）确定指标。执行方案最大的难点就是要与客户的发展阶段相匹配，并且确定关键指标，有可操作性，要有可衡量的结果。

指标具体化的执行方案示例如表2－1、表2－2所示。

表2－1　集团子公司品牌销售额三年滚动计划

区域（渠道）	2016年销售额（万元）	2017年		2018年	
		销售额（万元）	增长率	销售额（万元）	增长率
零售	3830	5100	33.2%	11000	115%
餐饮	770	1330	72.7%	3500	163%
无锡批发市场	2950	4070	38%	7600	86.7%
常州批发	2500	3800	52%	7900	108%

表 2 –2　集团子公司主要考核指标三年滚动计划

项目	指标	2016 年	2017 年	2018 年
销售与财务指标	主营业务收入（万元）	10005	19920	30000
	多品牌销售收入万元）	340	10080	30000
	10 大战略品项销售额（万元）	5600	11000	20000
	流动资产周转率	39%	40%	40%
	利润总额（万元）	34	180	800
市场品牌与消费者教育	市场占有率（%）–精品类产品终端零售门店监测	42	45	45
	分销商建设数量（家）	39	90	100
	终端消费者满意度（%）	90	90	90
	魅力终端建设数（个）	18	40	100
	社区路演场次	240	600	1200
人力资源	年人均产出（万元）	115	185	300
	培训场次	1 场/月	1 场/月	1 场/月
	员工流失率	2%	5%	8%
	员工薪酬福利平均增长率（%）	8%	15%	15%

备注：《某品牌市场操作方案》节选

具体操作办法文件化的执行方案示例如表 2 –3 所示。

表 2 –3　与消费者建立关系的方法和目标

销售渠道	方法	目标
零售专线	3.0 营销、品尝、产品派发、游戏互动	在消费者心目中建立起品牌第一、品质第一、服务第一的形象
餐饮专线	从首次拜访开始，收集客户资料、建立客户档案；针对不同客户，采取不同的业务推进方式和服务方式	帮助餐饮客户提高菜品质量，使客户赢得更多的消费者，从而提高消费者的忠诚度
通路专线	签订合同前，及时了解经销商的需求和期望，传递公司信息；履行合同的过程中，定期与消费者沟通，了解合同履行的进度和存在的困难等	维护价格体系，学习市场策略，共同获得市场利益，共同面对市场竞争，力求全面达成互惠互利的战略合作伙伴关系
特渠专线	通过各种信息平台，向消费者介绍公司信息，与消费者充分沟通，对消费者进行理念灌输与管理培训，帮助消费者与公司共同成长	在经销商心中确定品牌第一、品质第一、服务第一的观念，在帮助经销商成长的同时建立长期稳定的合作关系，实现全品项、多品牌的大规模销售

备注：以上为《太太乐无锡市场操作办法》节选

以下为具体行动方案化的执行方案示例。

“××·U渠道”合作及利益保障机制

为扩大××产品与服务市场的覆盖范围，切实保护××所有渠道成员的稳定利益，帮助各区域4S店快速建立优质分销网络，让更多用户享受到“××·U服务”，特颁布本规定。

一、“××·U渠道”成员定义和基本要求

(1) 凡是与××公司和区域4S店正式签约，由××公司授牌代理、经销××产品（含服务，下同）的经营单位与个人，均称为“××·U渠道”成员（以下简称为U渠道成员）。

(2) U渠道成员包括区域4S店，以及4S店在本地发展的授权经销商、授权配件店、授权服务商、授权二手设备经销商、授权代理人等经营单位与个人。

(3) U渠道成员有权享有××公司提供的各项市场支持、帮扶与保护，并需遵守共同约定的相关制度和市场规范。

(4) 除4S店外，其他U渠道成员只允许对终端用户开展销售业务，不得进行二次分销。

(5) 所有U渠道成员均需在××公司开设“货款准备金账户”，并预存相应的基础货款准备金。

二、U渠道成员的权益与保障

(1) 所有U渠道成员均享有××公司的统一出厂底价供货。

(2) U渠道成员代理、销售的产品，包括××公司销售的沈阳××全线产品，以及××授权经营的其他品牌及品类的产品与服务。

(3) ××公司对所有U渠道成员实施严格的用户报备和保护制度，将对终端用户和U渠道成员之间的稳定交易关系给予全面的保护，杜绝U渠道成员之间抢用户、砸价格、乱秩序等情况的发生，详见《U渠道用户报备和保护制度》。

(4) U渠道成员在××公司预存的货款准备金，均享有资金成本保障。

（5）依据U渠道成员的类型及年度业绩贡献，××公司将给予一定的销售奖励、代理佣金、市场拓展费等，具体金额与比例详见双方签订的书面协议。

（6）U渠道成员享有××公司价格调整政策的优先知情权。因调价对U渠道成员产生的利益影响，××公司将从优给予相应的补偿。

（7）所有U渠道成员均可成为××商学院学员。××商学院将为学员提供行业最前沿的动态与发展趋势，分享行业内最新的成功案例，最实战的市场营销经验，最实效的公司管理方法，并定期组织U渠道成员互相观摩研讨、分享经验。

（8）××公司将为每一位U渠道成员提供专职客户服务经理，全程、全面帮助U渠道成员开展用户开发、商务洽谈、技术指导、招投标筹备及××公司内外部资源协调等工作。

三、关于货款准备金的说明

（1）依据U渠道成员的类型，需预存不同金额的基础货款准备金。4S店的基础货款准备金不少于500万元，其他U渠道成员的基础货款准备金不少于50万元。

（2）货款准备金需以现金形式交付，若以银行承兑汇票等形式交付，所产生的成本均由交付者承担。

（3）货款准备金最高上限为该U渠道成员全年完成的××产品与服务销售收入。

（4）基础货款准备金足额到账一个月后，可以用于购买××产品，但最高比例不得高于70%，且须在动用后5个工作日内补齐，确保账户余额不低于基础货款准备金（4S店不少于500万元，其他成员不少于50万元）。否则不允许提货，并不再计算资金成本保障金，直至取消U渠道成员相关权益与保障（三个月内），结束合作关系。

（5）货款准备金账户超出基础货款准备金的余额部分，U渠道成员可随时支取，但需提前20个工作日告知××公司。自××公司确认告知之日起，不再计算支取部分金额的资金成本保障。银行承兑汇票只能用于购买产品，不得提现。

(6) ××公司对货款准备金（含基础及超额部分的全额）给予资金成本保障，详见《××货款资金成本管理办法》。

(7) U 渠道成员拥有××价格调整的优先知情权。双方经商议共同确认锁定产品数量及对应的金额（不高于当日实存货款准备金余额）。渠道成员在指定之日以调价前的价格购买同等额度的产品。

(8) 自基础货款准备金到账之日起，开始计算成本保障金。货款保障金可以用于购买机床产品。经双方确认发货之日起，U 渠道成员购买机床的货款准备金部分停止计算成本保障金。

(9) 若 U 渠道成员与××公司结束合作关系，自结束关系之日起，××公司不再计算支取部分金额的资金成本保障，并在 20 个工作日内归还货款准备金及资金成本保障金。以银行存兑汇票存入的，××公司仍以银行存兑汇票方式归还。

四、其他说明

(1) 除××4S 店由××公司总部确认与签约外，其他 U 渠道成员均由区域营销服务中心连同 4S 店负责开发、考评及确认。

(2) U 渠道成员在本区域销售给终端用户的所有销售金额，均计入该 U 渠道成员的销售指标，并享有对应的市场拓展费。

(3) ××公司原有渠道政策与规定仍然有效。若与本规定有冲突之处，以本规定为准。

××股份有限公司

（三）应用练习

朱 A 辛辛苦苦把经销商管理办法写好了，但是客户说写好的管理办法只是一些指导方向而已，具体的如应该找多少经销商、各个经销商的任务指标应该怎么定、如何才能有效分解指标并完成，要一个具体的执行方案。这下可难住朱 A 了，请问你能帮帮他吗？

百万思维

没有解决方案的咨询就是空谈。记住消费者的需求，做好解决方案，才能把项目做到让客户满意。

六、如何应对客户修改报告的要求

思考：

（1）应对客户修改报告要求的难点是什么？

（2）应对客户修改报告要求的方法有哪些？

（一）情景案例

徐 B 要给一家食品企业开发一套提升经营能力的课程，为了接到订单，答应给客户做一份粗略的《市场调研和诊断报告》，以便开发更加贴近市场的课程。徐 B 经过走访完成了《市场调研和诊断报告》，但客户王经理拿到后提出，《市场调研和诊断报告》需要增加同行业竞争的对比案例，不然用处不大。

徐 B 由于多天的超负荷劳动，已经有些烦了，听客户说还要修改，于是说："我们这次主要是做课程开发，报告只是附赠的。如果要做到专业的报告程度，您要多付不少于 100 万元的费用。"

王经理也生气地说道："赠送的也要能用啊，不能用，不就相当于没有送吗？"

双方进入僵持状态，形势十分不妙。

那么，徐 B 该如何应对该客户呢？

（二）案例分析

对于客户的要求，徐 B 开始没有拒绝，后期也没有能够拿出有力的成果，最后导致一个两难的局面。没有做成增值服务，反而损失了口碑，徐B实在不该。

（三）策略方法

（1）心态准备。客户修改报告是必然的。报告写得再好都有提升的空间，所以笔者做好修改七次以上的心理准备，但一般客户修改报告的次数不会超过三次。

（2）利用修改。报告没有完成的时候就发给客户，让客户一起跟你修改，把他的观点也放进报告中，因为他更了解自己公司的内部情况。

（3）拿出态度。说实话，有时候让你修改是给你机会，不然直接断单，所以要表明态度。耐心、积极、主动地修改，和客户互动找出最佳的方法才是上策。

图2－39为客户给笔者的建议。

熊老师：

资料内容我看了，有几个建议：

1）现状方面，不仅谈我们门店的现状，还要谈市场的现状，角度的范围扩大，专卖店、地方连锁、其他全国连锁、京东、天猫等。不仅谈运营的问题，还要谈商品和连发的问题。

2）机遇部分要强调整个区域市场或者农村市场的规模，发展农村电商的前景。

3）挑战部分要加入京东和天猫最近的动作，他们的战略方向，还有苏宁自身的挑战、观念、模式。

4）O2O可以引用一些行业案例，引出我们服务站发展的方向，应采取的模式，自营？加盟？哪种模式是适合苏宁发展的，适合互联网思维。

5）细节部分的调整，比如调研数据，用户购买大家电能接受的送货时间是几天，下面结论应该是85%的用户能承受最多三天的送货时间。

附件摘录了部分最近我在区域市场的一些思考，你可以参考。

希望我们能够把此次论坛变成一场盛会！

图2－39　客户给笔者的建议

从上图可以看，客户很明确地提出了5条改进建议。我们根据他的建议再修改，既符合客户的要求，又表明了我们的态度，使双方客户关系更加融洽。

（四）应用练习

当客户提出修改报告时，你如何保持良好的状态和心境，并协调好时间，运用你的资源和能力再次完善报告？

百万思维

任何事情能够被做到或被修改到七次的寥寥无几，所以我们有心理准备就不会慌张，也没有必要慌张。这些都是过程而且最后的结果一定是好的，不好就说明事情还没有到最后结束的时候。

第三章

Chapter 3

全——全面掌控赢口碑

第一节　过程控制

一、如何应对客户公司员工的不信任

思考：

（1）客户公司员工不信任的原因有什么？

（2）应对客户公司员工不信任的方法有哪些？

（一）情景案例

李E刚刚参与了由客户公司老板一手敲定的咨询项目，但客户公司副总及以下级别的领导都不太认可李E所在的咨询公司，觉得他们光说不练，提供不了什么好方法。

由于这种状况，客户公司的内部人就猜想老板是否有什么其他的目的，结果搞得客户公司内部风言风语，人人自危。当李 E 向他们询问一些信息时，客户公司的员工都不敢透露，敬而远之。

李 E 想，事情怎么弄得这么复杂了？我们就是来做团队绩效提升咨询的。

然而，由于客户公司的人不信任李 E 所在的项目组，使项目推进艰难，甚至停滞，李 E 所在的项目组真是进退两难。

请问你有什么好方法，让客户公司的人相信你？

（二）案例分析

如果任何咨询项目都由老板决定，那么很多时候也是老板跟员工的博弈。老板希望通过咨询公司让员工知道自己的水平如何，知道自己的欠缺之处，希望员工能够通过咨询公司的训练或指导有所成长。对咨询师而言，老板就是我们服务的第一对象。我们有一个项目在做完之后，客户公司从总监到经理换掉了 50 多人。所以员工反对也很正常，关键是如何应对。

（三）策略方法

（1）影响教育。咨询师要让客户理解咨询项目的目的，从而给予配合。话术可以这么说："咨询项目的目的主要是联合你们找出更好的方法，找到更合适的路径，不是到你们公司来跟你们比水平高低的。虽然你们老板认为咨询师在某些方面有专长，但是最终信任的还是你们，所以你们需要了解咨询项目工作的形式及最后产出的成果，这对大家都有好处。"

图 3－1 是笔者在咨询公司负责苏×云商项目时对客户员工介绍的一些情况。客户公司的员工很认可，没有出现案例中的现象。只要把要求说在前面，很容易达成共识。

（2）过程数据。将咨询过程中的工作数据、照片视频全部留存，以便后期使用。图 3－2 为笔者留存的项目资料。

对于咨询师来说，咨询过程中的所有数据都是我们的价值体现，所以

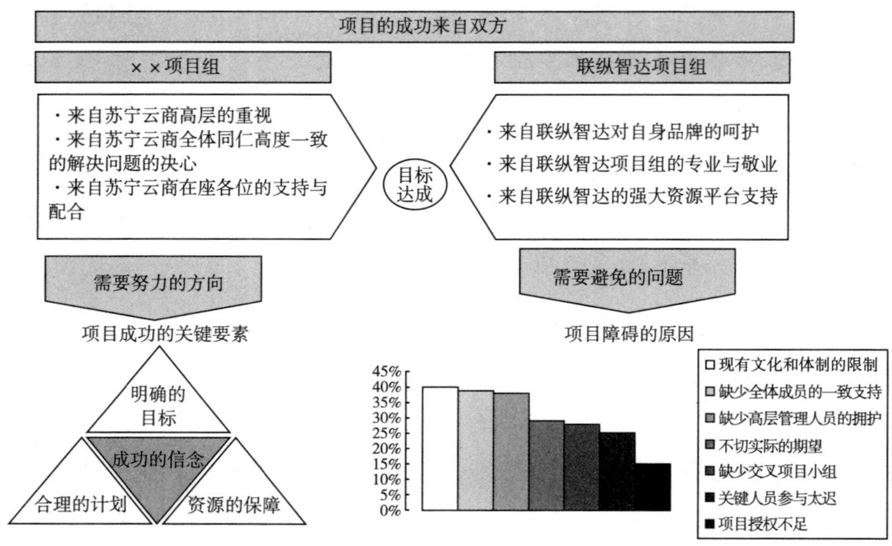

图3－1　笔者负责苏×云商项目的部分介绍

都要完整地保留，便于沟通时随时调取。

名称	修改日期	类型	大小
1、打单拓展	2015/1/28 17:17	文件夹	
1、苏宁云商	2015/3/9 10:53	文件夹	
2、白雪电器	2014/9/15 23:04	文件夹	
2、东鹏瓷砖	2015/1/21 14:18	文件夹	
2、格蒂	2015/1/12 14:48	文件夹	
2、三棵树	2015/2/25 14:02	文件夹	
2、鸿福集团	2015/1/10 13:22	文件夹	
2、无锡东鹏项目（9.5）	2015/2/24 10:35	文件夹	
3、恒安资料	2015/2/24 11:05	文件夹	
3、喀什银行	2013/6/20 16:33	文件夹	
4、沈阳机床	2015/3/7 10:47	文件夹	
7、游轮项目	2013/7/24 13:44	文件夹	
8、建材家具素材（20120904）	2013/5/22 10:55	文件夹	
9、菲林格尔	2013/12/4 21:48	文件夹	
9、佐妮内衣项目	2013/2/22 20:24	文件夹	
傲胜网络营销方案	2014/12/18 17:21	文件夹	
贵阳星力百货集团（2015年1月19日）	2015/3/10 19:28	文件夹	
上海怡友医疗器械（2014年12月11日）	2014/12/11 14:13	文件夹	
新闻稿	2013/2/22 20:17	文件夹	
油来富投资有限公司（1119版）	2014/12/10 9:55	文件夹	
真兰仪表（0122）	2015/2/15 18:09	文件夹	
重庆合川盐业（2014年11月10日）	2014/12/10 9:53	文件夹	
增值税信息（陈洁2013年11月21日）	2013/11/21 17:50	Microsoft Word ...	

图3－2　笔者留存的项目资料

（3）行为征服。时刻约束自己的行为，以职业的态度和专业的精神让客户信服。比如我们上班比他们到得早，下班比他们走得晚，工作期间不停收集资料查阅信息，偶尔找他们请教和讨论。有时候为使客户感动，可以在出差过程中跟客户联系等，信任是一点点积累起来的。

（四）应用练习

如果客户公司的高层不信任咨询师，咨询项目就很难推进，而王 H 恰恰就遇到了这样一位客户公司的高层领导。该高层领导对咨询项目组成员及其不信任，始终怀疑他们的数据来源，认为是胡编乱造的，弄得他们不知如何是好。请问你有什么方式可以帮助王 H 吗？

百万思维

当今社会，信任永远是最稀缺的资源。如果有人信任你一分，你要百倍地珍惜，切记切记！

二、如何帮助客户公司的对接人

思考：

（1）帮助客户公司对接人的好处有什么？

（2）帮助客户公司对接人的方法有哪些？

（一）情景案例

客户公司很器重李 F，因而这次的操作转型升级项目就将李 F 作为项目对接人。

李 F 对接工作没有多久，项目组就发现他的威信不够，在客户公司内没有声望，这给项目的推进带来很大的麻烦。

为了改善这种状况，项目总监决定帮助李F。项目总监将自己撰写好的分析报告发给李F，让李F在供应商大会上发言解读报告，以展示李F的专业和实力。

然而，事与愿违，李F的表达能力和知识结构无法顺利解读报告，导致发言很失败，反而给大家留下了不好的印象。

项目总监愁坏了，后期的项目可怎么推进啊？

如果你是项目总监，你有什么方法帮助项目对接人吗？

（二）案例分析

（1）弄巧成拙。本来自己写的报告很好，但让一个不了解内容的人去解读，再精彩的东西也表达不出来。

（2）害人害己。对于报告的解读、培训等内容是咨询师展现自我的地方，这样的机会不能让给别人，必须要把握在自己的手中。即使想捧别人，可以让他就其中的某一个内容进行阐述，而不是全盘交给对方，把自己的成绩都说成是对方的。这样是害人害己的做法，不但不能服众，还会害了自己。

（三）策略方法

（1）让对接人参与项目，快速成长。帮助对接人最好的方法是让他参与项目，让他放平心态进行学习。让对接人解读项目报告大错特错，除非他参与过其中的部分工作，并有自己独到的见解，不然绝对不可以冒险。

（2）公开表扬称赞对接人的能力，让大家给予配合。作为咨询师，我们是有一定权威的，时常表扬一下对接人，对于他来说就是一种鼓励、帮助。

（3）向客户公司领导申请提拔对接人。很多对接人的能力不是不好，而是没有合适的发挥平台，所以我们可以让客户公司领导临时性地给他们安一个头衔，让对接人在职位级别上比普通员工高点。对接人获得职位提升之后，对咨询项目会更加认可，这样便于我们后期开展工作。

（四）应用练习

有这样一个对接人，之前在某台资企业工作了10年，一年前被聘到你将要做咨询项目的公司。但是由于你将要做咨询项目的公司内部环境复杂，他始终没能发挥实力。恰巧咨询项目组要入驻他们公司了，他被任命为对接人，请问你有办法帮助他施展抱负吗？

百万思维

帮助他人就是帮助自己。能够在客户公司内部培养和帮助多少人，我们的项目就能够做得有多好。

三、如何打动客户公司的高层管理者

思考：

（1）打动客户公司高层管理者的难点有什么？

（2）打动客户公司高层管理者的方法有哪些？

（一）情景案例

咨询师赵E负责GF项目作业，经过一段时间的努力工作，终于取得了项目第一阶段的成果。

为了在报告解读会上不出偏差，对接人要求项目组提前向客户公司的市场总监汇报一下项目的大概情况，于是把赵E领到了市场总监的办公室。

赵E开始从头展示报告，由于内容太多，仅让客户公司的市场总监快速浏览，同时自己进行简单说明。

然而，在沟通期间不停地有人来向该市场总监汇报工作，使赵E不得不多次重新陈述。

整个过程中，该市场总监好像没有什么兴趣，不停地在签文件，敷衍地回应着，最后说道："你们还是要再完善一下，我没看到什么亮点。"

赵E认为该市场总监明明没有看，并且300页的PPT报告花十几分钟能讲清楚吗?

（二）案例分析

（1）汇报环境不正式。对于汇报的环境是有要求的，即使在私下里交流，也需要起码的尊重，不能太随便，不然咨询师的价值就被降低了。

（2）没有用客户语言。所谓客户语言就是客户最关心的东西要告诉他，给他看，给他讲故事，让他心动。如果不能如此，任何形式的汇报都没有意义。

（三）策略方法

（1）观点契合。高层管理者的水平一般都达到一定高度，你要想比他的水平还高是很难，所以能达到同等水平就不错了。

想靠单一的观点打动高层管理者比较难，那就运用系统的方式，在整体上打动高层管理者。当他们被强有力的系统征服时，就不用担心他们反对了。图3－3是一张单店营业力提升模型图，分别构建了店外和店内所需要的重要元素，而各个元素直接影响店铺的进店率、成交率和客单量，我们根据这张模型图再给出每个模块系统的建议或观点，如图3－4所示。这就是一个有机的整体，牢不可破，才具有很强的说服力。

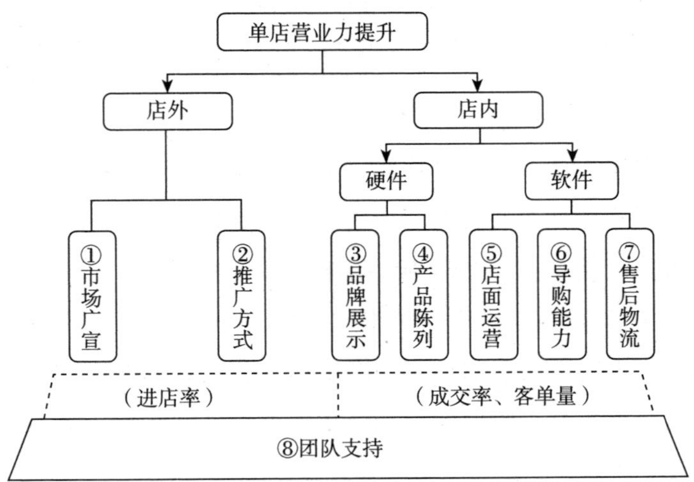

图 3－3　单店营业力提升模型图

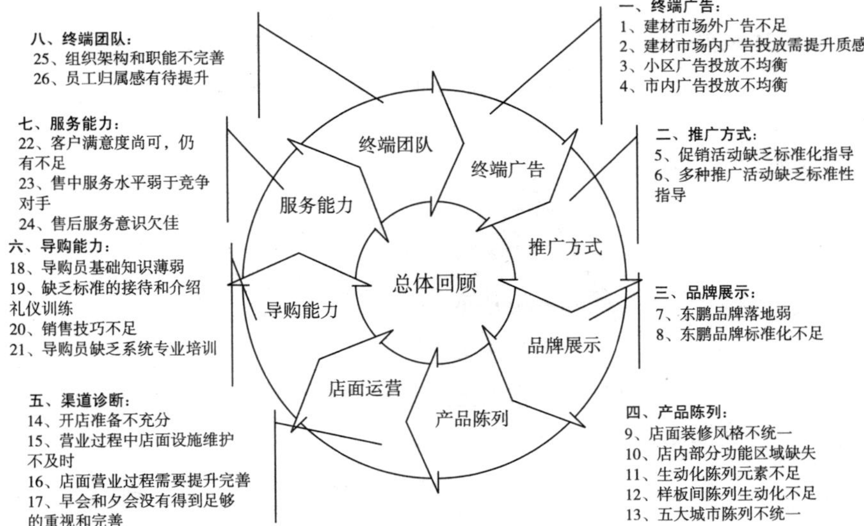

图 3－4　对各个模块的系统建议

表 3-1　针对某家居建材品牌做的问题分析

主要问题				主要责任方	费用投入	推进需求时间
序号	类别	序号	具体问题			
1	建材市场外的广告投放少	(1)	建材市场周边广告投放较少	双方	☆☆☆	☆☆
		(2)	建材市场外投放形式较为单一	总部	☆	☆
2	建材市场内的广告投放需提升质感	(3)	建材市场内广告投放形式和数量偏少	双方	☆☆	☆☆
		(4)	建材市场内的广告投放引导性不足	总部	☆	☆
		(5)	市场内相关的重要位置未投放	经销商	☆	☆☆
3	小区广告投放不均衡	(6)	各城市小区广告投放参差不齐	总部	☆☆☆	☆☆☆
		(7)	小区广告与活动结合欠佳	经销商	☆	☆
4	市内广告投放不均衡	(8)	除石狮、南昌市场外，城市广告投放少	双方	☆☆☆☆	☆☆☆☆
		(9)	市内传播未做到标准化	总部	☆☆	☆☆☆
5	促销活动缺乏标准化指导	(10)	与竞品相比，推广方式大同小异	总部	☆☆☆	☆☆☆
		(11)	活动主题的连贯性不强	总部	☆☆	☆☆☆
		(12)	推广活动的后续利用价值不高	双方	☆	☆☆☆
6	多种推广活动缺乏标准性指导	(13)	小区推广缺乏标准性指导	总部	☆☆	☆☆☆☆
		(14)	较少应用网络推广等新方式	双方	☆☆☆☆	☆☆☆
		(15)	设计师推广力度不强	经销商	☆☆☆	☆☆☆☆
7	东×品牌落地弱	(16)	缺乏品牌辅助形象的落地与延展	总部	☆☆	☆☆☆
		(17)	品牌的主画面在终端缺乏支撑	总部	☆☆	☆☆☆
		(18)	石×陶文化的商业化运作不够	总部	☆☆	☆☆☆
		(19)	企业文化展示不足，缺乏生动性	总部	☆☆	☆☆☆☆
8	东×品牌标准化不足	(20)	终端门店品牌标准化不足	经销商	☆☆	☆☆☆
9	店面装修风格不统一	(21)	门头统一性不强	总部	☆☆☆	☆☆☆☆☆
		(22)	部分店面装修档次不高	经销商	☆☆☆☆	☆☆☆☆☆
		(23)	外立面灯光不足	经销商	☆☆	☆☆☆
		(24)	部分店内灯光搭配不够协调	经销商	☆☆	☆☆☆☆
		(25)	装修细节处理不到位	经销商	☆	☆☆

续表

主要问题				主要责任方	费用投入	推进需求时间
序号	类别	序号	具体问题			
10	店内部分功能区域缺失	(26)	大部分东×店面缺少文化展示区	总部	☆☆☆	☆☆☆☆
		(27)	部分店面缺少员工互动区	经销商	☆	☆☆
		(28)	大部分门店缺少店内设计专区	经销商	☆☆☆	☆☆☆☆
		(29)	大部分店内缺少工程展示区	经销商	☆	☆☆
		(30)	展厅未设计促销产品区	经销商	☆	☆

说明：此表仅为部分，整表有108个问题，在此不一一列举。

（2）细节危机。细节决定成败，因此高层管理者也很关注细节。

通过细节的对比让高层管理者无话可说。比如你将东×瓷砖的价签与其他品牌的价签相比较，就可以看出东×瓷砖的价签不太美观、醒目（如图3－5所示），然后从这个点延展开，认为客户公司存在后台运营管理、市场推广、品牌定位等问题。

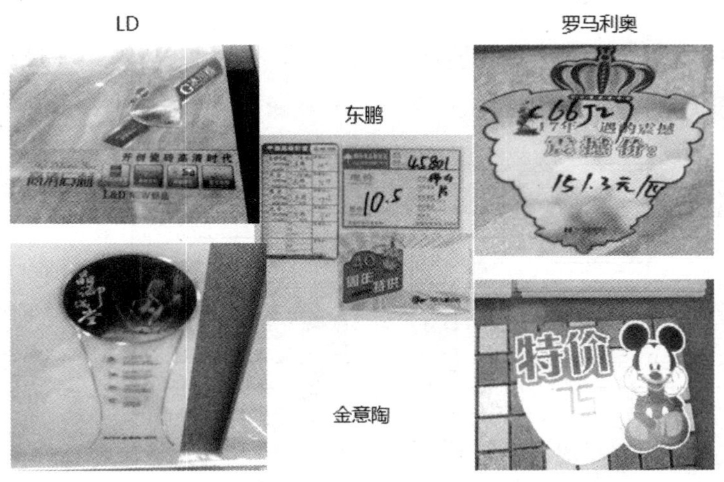

图3－5　东×瓷砖标价签与其他品牌标价签的比较

（3）数据事实。通过详细的数据分析和实施效果能够打动高层管理者。

以下为《苏×云商三级、四级市场消费者的9大特征》节选。报告运用数据，将各种问题、观点清晰地表达出来，从而打动高层管理者。

1. 消费者对家电产品品牌的诉求在加强

从图 3－6 可看出，供应商的品牌知名度在逐渐凸显。消费者在白家电品牌选择上的自主意识在觉醒，如选格力的比例为 57.8%，选美的的比例为 34%。

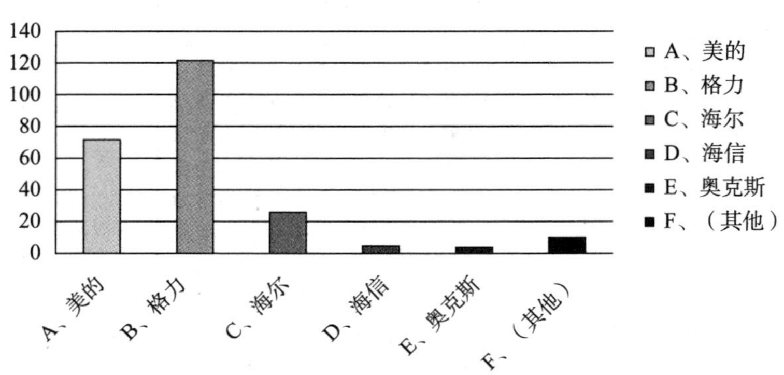

图 3－6　您买空调会选择哪个品牌

2. 消费能力逐渐提升，中高端产品比例增加

根据对三级、四级市场消费能力的测算，选择购买 2000～3000 元中档冰箱的比例为 44.5%，选择购买高档冰箱的比例为 9.9%，选择购买纯低档冰箱的比例为 3%。农村实际购买低档冰箱的比例略高于 3%。

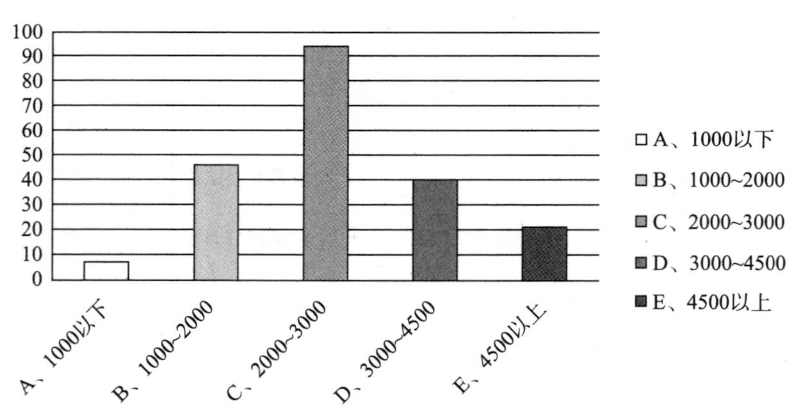

图 3－7　您选择冰箱考虑的价格区间是

3. 消费者对专卖店的认可度高

从图 3－8、图 3－9、图 3－10 可看出：①专卖店在三级、四级市场的吸引力较强，其中在手机专卖店购买的比例为 75.3%；②在专卖店购买大

家电的比例为 43.6%，在苏×购买的比例为 29.8%；③在专卖店购买电脑的比例为 72%。

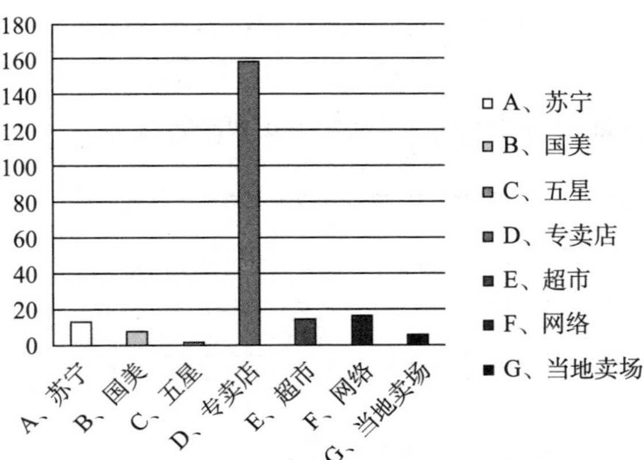

图 3-8　您习惯去哪里买手机

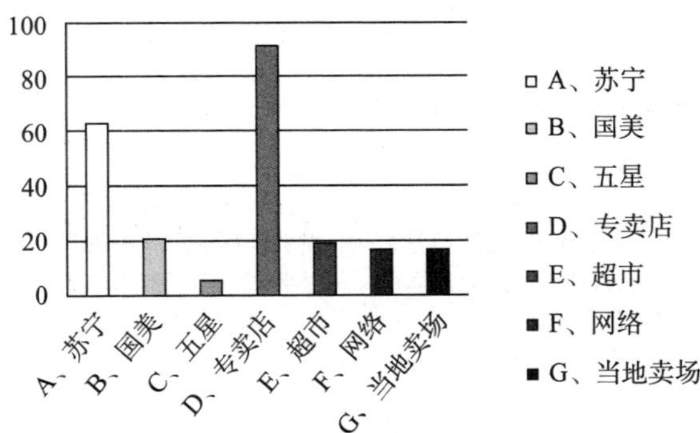

图 3-9　您习惯去哪里买空调、电视、冰箱

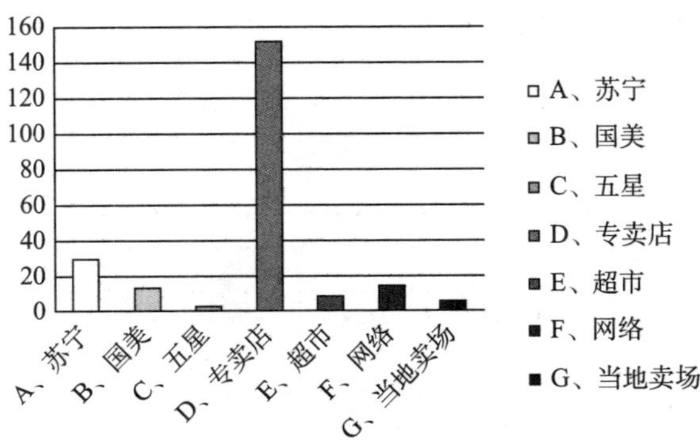

图 3-10　您习惯去哪里买电脑

4. 对网购的认知逐渐增加，纯线下消费群体逐渐减少

从图3－11可以看出，在选择网络购物的消费者中，选择在天猫、淘宝购物的消费者比例为59.7%，选择在苏×易购购物的消费者比例为5.2%，选择在京东购物的消费者比例为18.48%，不在网上消费的消费者比例为22.7%。随着时间的推移，纯线下消费的消费者比例会越来越少。

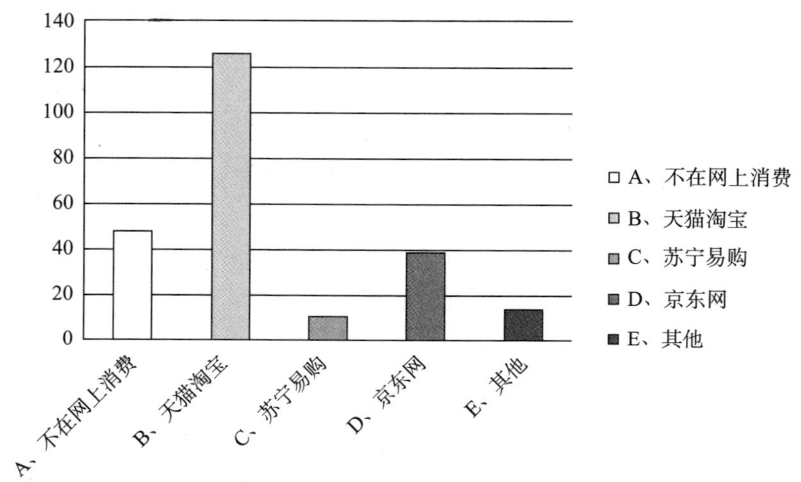

图3－11　您有在网站购物的经历吗？是在什么网站？

5. 网购品类以服装、日用品居多

从图3－12中可以看出，选择在网上购买家电类产品的消费者比例为11.37%，选择在网上购买服装的消费者比例高达68.2%，选择在网上购买日用品的消费者占19.9%，选择在网上购买食品的消费者占14.2%。

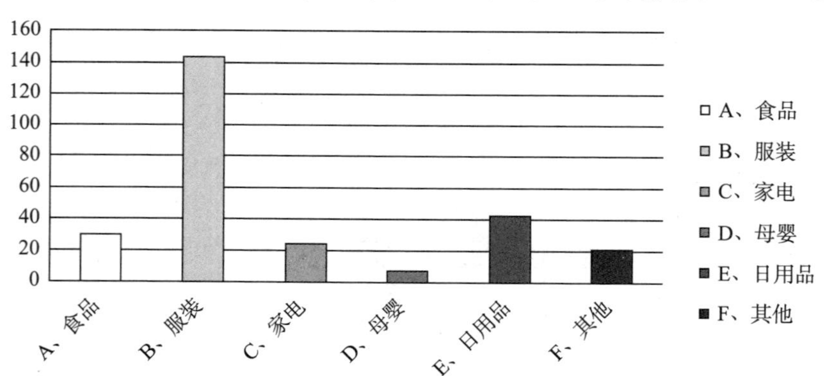

图3－12　您会在网上购买哪些产品？

6. 消费者对黑家电的品牌选择呈现多元化

从图3－13中可以看出，在消费者购买的黑家电产品中，购买三星产品的消费者比例高达23.2%。在购买国产品牌的消费者中，购买康佳产品的消费者占13.7%，购买创维产品的消费者占16.1%，购买长虹产品的消费者占15.1%，购买海信产品的消费者占15.5%，购买其他品牌产品的消费者占17.5%，品牌选择集中度不高，需要精选。

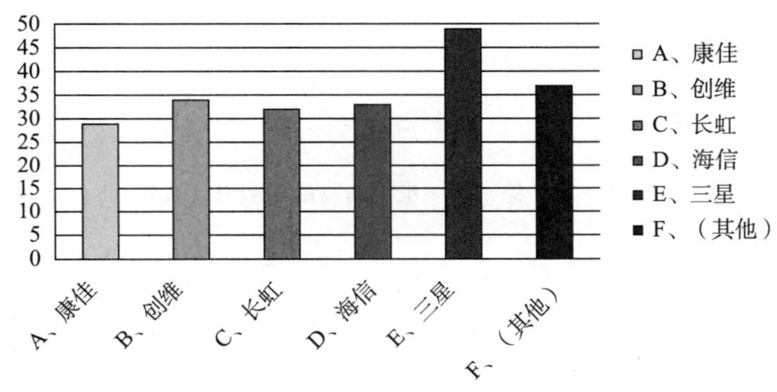

图3－13 您买彩电会选择哪些品牌?

7. 绝大部分消费者对大家电的送货时间并不急迫

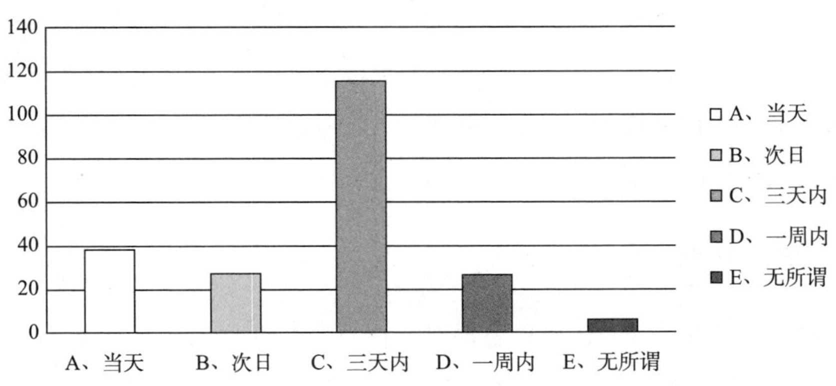

图3－14 购买大家电产品时，您能接受的送货时间是几天?

从图3－14中可以看出，主流消费者对于大家电的送货时间并不急迫，其中选择三天内送货的消费者占54.5%，选择当天送货的消费者占18%。

8. 苏×的“质量保障”得到消费者的高度认同

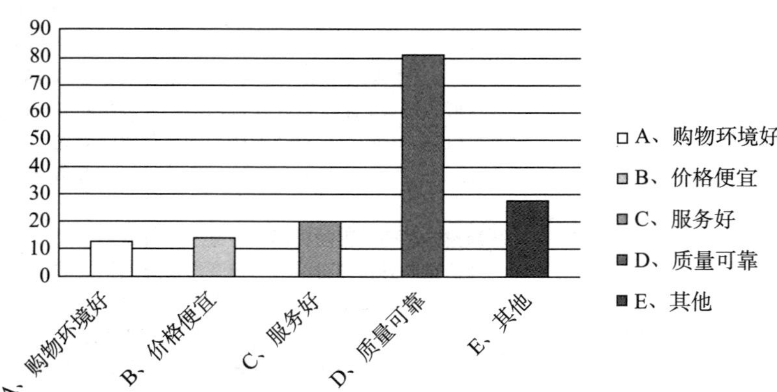

图 3-15　您来苏×电器购物的因素是什么？

从图 3-15 中可以看出，在消费者对家电的要求中，选质量可靠的消费者比例较高，占 38.3%，要求购物环境好的消费者占 6%，选择价格便宜的消费者比例仅为 9.47%。

9. 在经济发达的饱和市场，客流往大店汇集

长三角、珠三角、沿海城市的部分三级、四级市场经济发达，如珠三角的部分乡镇经济水平已达到县城水平。由于国美等连锁卖场密集布点，家庭汽车的普及，客流往大店汇聚。如中山小榄镇苏×的销售额是坦洲镇苏×店的十几倍，两者相隔仅几公里，上海永乐七宝店的销售额是周边五六个店销售额的总和。

（四）应用练习

打动高层并不容易，客户公司有一位总监怀疑你们的专业能力，说：“跨行业，说得好听，做起来难着呢。这样的操作不是把我们往火坑里推吗？”请问你有什么方法说服和打动这位总监呢？

百万思维

高层管理者的思想水平对于咨询师来说，很难达到。有时候就要像拦截导弹一样，你发射一枚核弹，我用100个来拦截你。

四、如何联合客户公司的中层管理者

思考：

（1）联合客户公司中层管理者的难点有什么？

（2）联合客户公司中层管理者的方法有哪些？

（一）情景案例

咨询师秦B负责华南市场的走访和指导工作。在她完成整体市场的走访后，项目组开始联合工作，要一起撰写项目报告。

在撰写报告期间，由于客户公司的高层又有新的需求，所以秦B需要通过电话重新收集信息。

每当区域经理接到电话时就问："您是哪位？请问有什么事情？"

秦B只好解释道："我是秦B老师，上次去见过面的……"

经过多次的沟通才能收集到信息，有时对方正在公交车上或开会，就会对秦B说："我正忙着，要不您问问别的经理？"

秦B看着旁边的同事不用打电话，在微信留个言就获得了想要的信息，心想当初忘了加微信了，不然就方便了。

你认为这是加微信与不加微信的区别吗？

（二）案例分析

秦B白走访了一趟市场，连个朋友都没有交到。咨询师不能只会低头做事，还要更好地利用自己的角色和影响力，不然很难把握项目，一旦有变化就难以应对。

联合客户公司中层管理者有以下好处：

（1）增加力量。客户公司中层管理者是个庞大的群体，如果能得到他们的认可，我们的工作将顺利很多。

（2）便于项目推进。客户公司的中层管理者是真正执行项目的人，如果能够联合他们，项目执行起来就会非常顺畅。“韩信将兵，多多益善”，联合客户公司中层管理者亦是如此。“一个好汉三个帮”，联合的人多了，自己做事情就游刃有余。

（3）有很多便捷。跟客户公司中层管理者维持好关系，会使我们的工作得到很多便利。

①出差接待。到了市场，就有人接待你，负责你的吃、住、用、行，这也是项目成功的后勤保障。但是如果关系处理得不好，那你就有苦吃了。

②信息沟通。很多人愿意跟咨询师说自己公司的花边新闻、小道消息，这方便咨询师了解客户公司的内部环境。这些消息跟我们的工作无关，但是在中国做企业咨询，一定要了解客户公司内部的环境。

③借鉴。很多客户公司中层管理者很有见解，而且方法很具有操作性，但是由于自身角色的原因，无法将之传递给高层。即使是传递到了，由于信任感不足也不会被采纳。如果我们借鉴的话，用我们的思维方式进行加工，就成为我们的方法了。

（三）策略方法

（1）信息传递。通过互换高层管理者的决策信息拉拢中层管理者。客户公司中层管理者能够获得的信息有限，特别是机密的信息。作为咨询人员，我们可以参与公司最高层的战略决策，所以知道的信息一定会比他们知道的多。我们根据公司的发展动向，把一些不机密的信息传递给他们，同时帮助他们规划，帮助他们提升职位，这样可以赢得他们的信任。想想看，他们能不帮你吗？

（2）商务交际。在商务合作中，适当的交际也是必要的，偶尔跟他们喝喝酒，聊聊天，无伤大雅，还能在酒桌上给他们讲讲各个地方的风土人情，让他们对你又多一分敬仰，当然方便好办事。

（3）给予机会。组织客户公司中层管理者培训，着重培养和提拔中层管理者。当他们在你这里学到东西之后，自然会感谢你，从而配合你。当然这一切都在于你要会运用这些资源并提升能力才行。

（4）以心换心。感恩之心人皆有之。我们对客户公司中层管理者好，他们自然也会同样待你。

（四）应用练习

做项目就是做人，联合客户公司中层管理者的目的就是让他们成为你的朋友，让他们愿意为你办事，或是愿意跟你互通消息。

请问你在客户公司的各个部门中有没有可以互通信息、互相帮助的好友？如何没有，一定要培养一个，希望有机会你能与笔者分享心得。

百万思维

客户公司中层管理者虽然不能决定你能否把事情完成，但是可以影响你办事的进展，所以联合客户公司中层管理者可以使项目进展更顺利。

五、如何利用客户公司基础管理者

思考：

（1）利用客户公司基层管理者的难点有哪些？

（2）利用客户公司基层管理者的方法有哪些？

（一）情景案例

咨询师陆A是某高校的高才生，为了写毕业论文，来到某咨询公司实习，进入完×项目组。

项目总监看陆A的个人素质很好，就让陆A负责资料的收集和编写。

然而，有些资料要客户公司提供，并且要当面访谈才能获得，于是陆A就去客户公司访谈。陆A有时一天访谈十几个人，既要提问还要记录，一大堆事，忙得晕头转向，便找到项目总监说："您给我增加一个人吧，工作量太大了。"

项目总监笑笑说："我们都是一个人当十个用的，这点小事情还加什么人啊！有些工作可以分给客户公司的人，让他们帮你做，也是给他们学习的机会啊。"

陆A一脸茫然，心想他们又不是我的人，怎么会听我的呢？领导真是异想天开。用客户的人，你还怎么收咨询费。

请问你认同这种观点吗？如果不认同，你有什么好的策略和方法？

（二）案例分析

（1）项目借力。很多时候项目的时间要求都很急，人员根本就不够。有时候客户会说："有什么事情我们会配合你的……"所以你可以借助他们的帮助，只不过要用委婉的说辞和纯熟的技巧，让他们觉得你不是求他们，而是让他们主动帮你。

（2）功力不够。领导的想法不是异想天开，而是经验之谈。有经验的培训师不会自己做记录，而是让客户公司内部的人协助自己，既让自己省去很多事务性的工作，而且还在名义上给客户一个学习的机会，互利互惠。

（三）策略方法

（1）下任务、下命令。有些客户在来的时候就会说："我们公司的小李还不错，您给帮忙培养一下？”你正愁没有人用，正好拿来就用，皆大欢喜。用这样的资源不用客气，可以直接使用。

比如可以这样说：“小李，你帮我把这个数据整理一下？”“你帮忙把这个文件排版一下？”

他可能会说：“好的，什么时间要？急不急，不急我一会儿做。”

你说：“最好今天下班前给我。”记住一定要让时间紧一点，这样他会觉得你的事情很重要，同时认为你们做事情态度也很认真，然后把这些反馈给他们领导。

（2）行为影响。通过接触，影响和改变客户公司员工的工作方式。有时候由于他们的工作方式不好，发给你的东西还需要你深入加工，这时你可以教给他们一些文档管理和自我习惯管理的方法，帮他们提高效率。

（3）间接指挥，让对接人或是客户公司的高层安排基层做事情。有些事情我们自己不方便出面，可以让客户公司的高层安排他们的基层做。同时客户公司的高层安排基层做事情，当然要为自己手下反馈回来的结果负责，所以这个方法一箭双雕。

（四）应用练习

领导和利用他人是一种艺术，如何让他人高兴地为你办事，有很多方法，这里只是就项目的情况来设置。至于其他的方法，大家可以去学习相关的知识。比如塑造自己的顾问形象和权威形象，既能很好地促进你利用基层员工，还让他们愿意为你效劳。

百万思维

利用周围可以利用的一切资源，为我所用，是成功者的制胜法宝。

六、如何体现项目的过程价值

（一）情景案例

项目总监周D奉命带领项目组负责河北省、天津市、山东省等市场的调查和数据收集工作。周D带领项目组成员走访市场，与当地人员沟通，花了一个月左右的时间，“费了九牛二虎之力”才完成任务。然后周D又带领大家花了15天，完成撰写PPT报告等工作。最后到客户公司汇报时，报告中的很多地方切中了客户的要害和重点，赢得了客户总经理的认可。

客户总经理顺便问了一下：“你们在当地发现的问题有没有要求他们解决或给一些指导意见呢?”

周D说道：“那时候我们还没有整合到一起，问题不确定不好随便指导。”

客户总经理说：“不能这么说，你们发现了当然就有好的方法解决，从专业来讲，一定比我们当地的业务或是主管要知道得多。”

请问你怎么看?

（二）案例分析

没有重视过程价值。在行动过程中，已经发现一些确定的错误，就可以给予正确的指导，不但可以让他们认识到自己的不足，又可以塑造自己的权威，何乐而不为呢？回到总部后还可以在他们领导面前“邀功”。当然有时候因为不确定或是麻烦耗费精力，影响项目进度，我们可以酌情处理。其实咨询结果的好坏谁都无法预料，而咨询过程我们却可以控制，这是一个意识问题而不是能力问题。

（三）策略方法

（1）随时指导展现价值。对自己参与的咨询项目中的各个人员进行指导以体现价值，如业务员、经销商、后期人员等。

从图 3－16 可以看到，这个终端的宣传单过多，给人的感觉十分凌乱，而且画圈的这种分法是很多年前终端才使用的，所以可以当场就跟业务员或导购员提自己的建议，让他们改进。

图 3－16　终端过多的宣传单

从图 3－17 大家可以看到图的左边是松散的陈列方式，右边是艺术化的陈列方式，这时我们现场可以自己动手帮助摆正一下，让他们感受到不同，从而让他们对你刮目相看。

松散式陈列

三角形陈列动静结合
是艺术化的一个基本构造

图 3－17　两种陈列方式

图3－18中的内容主要是错别字的问题。他们在内部公众号文章中把笔者的名字“熊亚柱”写成了“熊亚栓”，因此笔者提出了不满。这是要抓住这个点，让他们看出过程价值，让他们觉得自己做得不完美，还需要改进，后面也可以做文章。

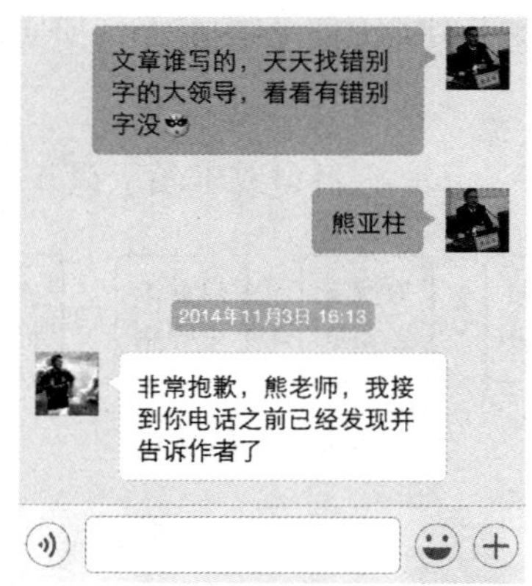

图3－18　微信聊天截图

（2）沟通交流展示价值。通过交流教育高层、中层、基础员工从而体现价值。所谓见什么人说什么话，就是不同的人有不同的需求，因此你说的也要不一样，这样可以让他们都觉得有价值。

（3）总结会议展示价值。阶段性地总结工作，展示过程成果。

在项目作业中，阶段性地输出成果，一个月或一个季度汇报一次。图3－19就是我们走访恒×市场以及帮助粤西市场增长50%的情况。在汇报成果的会议上，要好好地展示自己做过的事情，让客户认可。跟客户接触都会有价值，所以我们要随时与客户保持接触。

（四）应用练习

大家可以尝试将策略方法中的三点用在自己的工作中，相信你的领导和同事都会对你另眼相看，对自己的成长也大有裨益。

工作回顾 〉网点盘查 〉增长要素 〉工作检核

结合前期市场方案，勘察各部办市场，寻找50%增长点。并协同部办主任制定相应执行策略。

联纵智达项目团队走访部办门店、拜访客户、研究市场、协同分销商盘整，追踪网点盘查，部办深入走访，参加部办晨会、培训、讨论，搜集问题，门店走访，县城及乡镇调研等工作。

图 3－19　笔者阶段性工作总结的截图（排版时地图删除）

百万思维

过程价值不可忽略。结果好过程不一定好，但是过程好结果不会差，所以过程和结果都要抓，两手抓两手都要硬。

七、如何促进客户做决策

思考：

（1）促进客户做决策的难点有什么？

（2）促进客户做决策的方法有哪些？

（一）情景案例

在阶段性的过程中，客户需要决定是向左还是向右，在有限的资源中是选择A市场还是选择B市场，是选择A方法还是选择B方法，但往往由于内部环境、个人利益等问题迟迟不能做决定。

这不，李G就遇到了这种问题。客户基本认可提交的全部报告，但是无法确定操作执行的效果。虽然客户把钱都付了，但是并不要求项目组进行下一步行动，说要等总经理开会回来再决定。结果客户公司的总经理开完会又出国了，下一步的工作迟迟不能开展。

项目组的人都在客户公司闲着，进退不是。如果你是李G，你会怎么办呢？

（二）案例分析

（1）客户决策系统有问题。案例中的客户迟迟不能决定，必须要总经理来决定，本身就有问题。做项目咨询又不是做战略决策，何必非要让总经理决定呢？这种情况在项目开始时就要考虑，在合同中规定“在方案提交后10个工作日内客户没有提出异议，视为同意方案，项目组进行下一步操作”。

（2）项目组推动能力不足。此时就需要让自己公司的高层沟通一下，看看如何处理，不能把问题悬在这里。如果高层处理不了，自己也要找能够有能力的人先把确定的事情做了，或把未来可能需要做的事情做了，不然时间过去了，很多事情就来不及做了。

（三）策略方法

（1）博弈促进。利用客户公司高层的信任，逼迫客户做出决策。任何公司不会是铁板一块，总会有人在你的阵营中。这种人该用的时候就要用，不然等项目结束了维护的关系都没有发挥过任何作用，浪费了。如果你到现在还没有遇到这样的人，说明你前面的工作没有做好。

（2）假定决策法。使用这个方法前要有一定的判断，就是判断所做的工作不会白做。这取决于两个条件：一是我们的时间不是很紧，如果项目很多，把时间投入已有的项目最好；二是无论客户是否为你做的事情付钱，你都会有收获。满足这两点才行，如果没有，这个方法还是不用微妙，“小心赔了夫人又折兵”。

（3）沟通指点。很多时候客户是当局者迷，需要外人的指点才能做决策。这样的做法很难起到作用，但也是没有办法的办法，总比不去做，让项目停滞要好得多。

（四）应用练习

运用书中的方法在实际工作中操作一下，看看如何让客户公司的领导快速地下决定，或快速推动项目的进程。

百万思维

一个好的咨询管理者是能够按照自己的意图让客户进行决策的，这是一项艺术，需要慢慢修炼。

第二节　成果展示

一、如何有效地解读报告

思考：

（1）有效解读报告的注意事项有哪些？

（2）有效解读报告的方法有哪些？

（一）情景案例

林 A 是鹏×项目组的项目经理。项目组在项目总监的带领下，经过三个月的努力完成了第一阶段的《市场调研与诊断报告》。林 A 与客户商定由项目总监为客户进行报告解读。

然而，由于项目总监无法参会，项目报告就由林 A 和另外一个同事进行解读。

这下可苦了林 A。虽然林 A 负责写报告，但是他从来没有给客户解读过。况且会议上都是各个区域的总监，还有董事长，对于自己该怎样才能把报告解读好，林 A 没有一点底。

万一解读不好，项目成果就全都付之东流了，林 A 感觉压力很大。

（二）案例分析

对内容不熟悉导致内心恐慌很正常，在这样的情况下，林 A 要么通过态度弥补，要么通过技术弥补，同时掌握一些原则和方法，相信一定能够有所改观。

（三）策略方法

（1）亮点递减。把最亮的点放在前面引发客户思考，打动与会者，引起关注与讨论。比如笔者在做苏×案例时，按照正常程序是去市场走访了解情况。最后当笔者把店内的图片展示（如图 3－20 所示）放到报告的最前面时，客户公司的高层受到的触动很大，进而引发了很多思考。他们快速行动安排人处理，最后项目成果很好。

（2）系统说明。对报告进行完善的说明和解读，让客户豁然开朗。在用亮点引发思考之后，再用系统的逻辑框架把客户牢牢吸引住，让他们所提的意见、问题无法跑出我们规定的范围，从而毫无异议地接受我们的报告内容。

图 3－20　苏×案例的图片展示

（3）重点研讨。对关键点、难点进行现场剖析，当然这需要一定的能力。在解读过程中遇到难点时，如果客户要研讨，那我们可以根据自己的能力来决定，尽量在最短的时间产生亮点后就停止、不要等到最后根本无法解决的时候再说会后讨论，这样就容易失控。所以重点讨论要把握好节奏。

（四）应用练习

鹏×项目组的市场调研工作已经完成，原计划客户公司的总经理、总监来参加此次的报告解读会。然而，他们看过资料后，觉得没有什么大问题，并且为了后期更有效地执行，让项目组给客户公司的经理级别人员解读。这样一来，请问你该如何改变自己的解读策略呢？

百万思维

好方法还要多吆喝，更好地给客户展示自己的成果，从而得到客户的认可。运用人性的弱点，展现项目的亮点，无往而不胜。

二、如何提高自己的表达能力

思考：

（1）提高自己表达能力的难点是什么？

（2）提高自己表达能力的方法有哪些？

（一）情景案例

童B所在的项目组全体都在福建市场考察，经过7天的调研，基本把市场状况弄清楚了，于是每个咨询师根据自己走访的情况写了一份粗略的报告，并交给当地经销商参考。

为了锻炼咨询师的能力，项目总监要求每个咨询师解读自己的报告，这可难倒了大家。童B也不得不硬着头皮上场。

可是，童B上场后就冒虚汗，语无伦次。项目总监见状只好说："童B今天身体状况欠佳，还是我来解说一下吧！"

童B尴尬不已，觉得自己给团队丢脸了，决心提高自己的表达能力。

可是童B天天写报告，找资料，思考问题，如何才能提高自己的表达能力呢？

请问你们能帮帮他吗？

案例分析

有些人会说不会写，有些人会写不会说，各有所长，案例中的咨询师不懂得表达，没有突破对演讲的恐惧，不懂得演讲与公众表达的方法，这些都是可以通过学习锻炼完成的，学习一些方法就可以改善。

（二）策略方法

（1）随时随地。随时随地记录，随时随地要求自己表达，表达的时候要有观点、有逻辑、有策略。表达是一种平时的训练和积累，这些不是说我们平时聊天和唠嗑，起码要在三五个人的正式场合，比如研讨会、交流会上主动地到台上宣讲，表达自己的观点，锻炼自己的口语和思路，具体更加细节的学习，参考笔者的另外一本书《手把手帮你成为顶级培训师》。

（2）表达时使用三点式或五点式结构。任何时候表达都要有层次，可以用三点式或五点式结构阐述。这种咨询的公众表达还不同于一个简单的演讲，要有很强的逻辑性，按照问题的解决思路去阐述才能达到事半功倍的效果，如果逻辑混乱，表达自然没有力度。如图 3－21 所示。

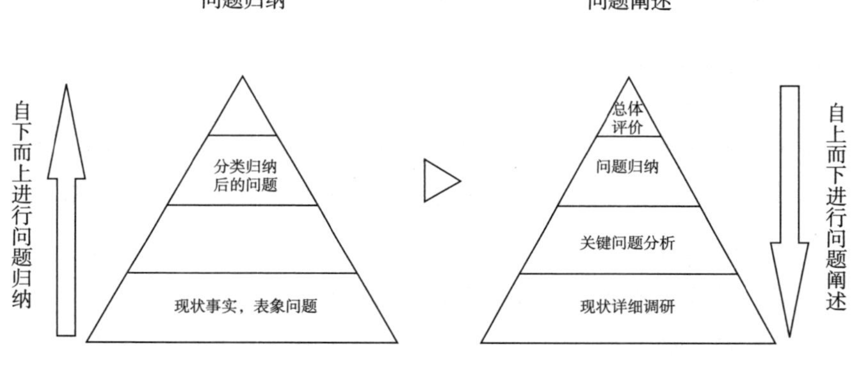

图 3－21 三点式和五点式阐述方法

（3）快速反应。咨询行业要求咨询师在极短的时间甚至在几秒之内想出合适的策略。

要想表达的结构清晰、观点鲜明、论证充分，需要有很强的表达能力。这种反应来自于多年的经验积累和临场发挥，只能不断修炼，无法言传身教。

（三）应用练习

王 I 在公司很受欢迎，在各大杂志上发表了很多专业文章，但是表达能力很欠缺，一上台就无法发挥他的实力。因此，每次他写的报告都是由别人解读的，这令王 I 郁闷不已。请问你能帮助他找到解决方法吗？

百万思维

表达是一种功夫，需要身心合一地修炼。如果时间短，可以先练熟；如果时间长，请练心。

三、如何让客户确认咨询成果

思考：

（1）让客户确认咨询成果的难点是什么？

（2）让客户确认咨询成果的方法有什么？

（一）情景案例

刘 B 刚到咨询公司就担任了项目经理，负责跟客户沟通交流，并很卖力地工作，终于使项目有了很大的起色。在一个阶段的任务完成后，客户付了下一个阶段的款项。

于是，刘 B 到财务部要求给项目组成员发奖金。

财务部人员说：“你的项目成果确认单还没有提交呢，并且要客户签字盖章才行！”

刘 B 说：“人家两笔款项都付了，还有必要确认项目成果吗？”

财务部人员说：“你不懂，很多客户是会变卦的。比如跟你对接的经理离职了，可能客户就不认可咨询成果了，会要求我们退还咨询费用。如果拿不到确认单，我没有办法给你们发项目奖金。”

刘 B 头皮发麻，怎么才能去客户那儿拿到项目成果确认单呢？

案例分析

刘 B 不懂得客户确认的重要性，而且咨询是一个变化的产品，没有成形的阶段，必须人为地去切割。这个阶段的成果顾客口头认可是不行的，大家度过蜜月期后，会有一堆的事情产生。如果不升级就不能达到效果，达不到效果就会对前期的内容进行全盘否定。这个不是真实的状态，但是我们必须谨防这样的情况出现。阶段性地让顾客了解到我们做了什么，也是让他们承认我们是达成了很多共识的，这样对于项目的推进和续单都有很多好处。

（二）策略方法

（1）让客户签字。最好的方式是让客户签字认可你的成果清单，把所有的工作成果和内容在清单上列明，而后最好让顾客签字确认并盖上他们的公章，如果不能盖上当然签名也有同等的效力。如图 3－22 所示。

客户名称：苏 X 云商集团股份有限公司　　合同编号：LZZD-SUNING -001

苏X云商项目咨询成果确认书

苏 X 云商集团股份有限公司：

根据双方合同的约定，乙方提交以下成果给甲方，请甲方确认。

序号	成果名称	文件格式	签收人	签收时间	递交人	优、良、一般
01	《苏 X 云商三四级市场运作调研报告》	WORD	李XX	9月16日	熊亚柱	优、良、一般
02	《苏 X 云商三四级市场运作建议报告》	WORD	李XX	9月16日	熊亚柱	优、良、一般
03	《苏 X 云商三四级市场运作调研报告汇报 PPT》	PPT	李XX	9月16日	熊亚柱	优、良、一般
04	《三四级店长经营能力课程大纲》	Word	李XX	9月16日	熊亚柱	优、良、一般
05	《三四级店长经营能力课程学员训练手册》	Word	李XX	10月24日	熊亚柱	优、良、一般
06	《三四级店长经营能力课程学员考试题》	Word	李XX	10月24日	熊亚柱	优、良、一般
07	《课题一：三四级市场现状与特征》	PPT	李XX	10月24日	熊亚柱	优、良、一般
08	《课题二：市场营销那点事儿》	PPT	李XX	10月24日	熊亚柱	优、良、一般
09	《课题三：强龙压倒地头蛇》	PPT	李XX	10月24日	熊亚柱	优、良、一般
10	《课题四：三四级市场广度突破》	PPT	李XX	10月24日	熊亚柱	优、良、一般
11	《课题五：店内规划布局与品牌传播》	PPT	李XX	10月24日	熊亚柱	优、良、一般
12	《课题六：关系营销与口碑传播》	PPT	李XX	10月24日	熊亚柱	优、良、一般
13	《课题七：三四级店长如何带队伍》	PPT	李XX	10月24日	熊亚柱	优、良、一般
14	《课题八：店长的自我修炼》	PPT	李XX	10月24日	熊亚柱	优、良、一般
15	课程素材包（视频、文档、图片等等）	综合	李XX	10月24日	熊亚柱	优、良、一般
16	店总经营能力提升班现场培训三天	授课	李XX	10月29日	熊亚柱	优、良、一般
17	内部培训师培训两天	讲师	李XX	10月31日	熊亚柱	优、良、一般

项目评价：联纵智达咨询的熊亚柱和董海国两位老师，在项目过程中积极投入，专业勤奋。甲方对于本项目的成果产出和两位老师的配合参与表示非常感谢和满意。

苏X云商项目负责人签字：

电话：025-66996699-883510

日期： 2014 年 10 月 31 日

图 3－22　某项目咨询成果确认书

（2）让客户签收。让客户对接人签收你提交的成果，以表示收到。这个就有点投机取巧的意思，因为让顾客正式地确认，除非你项目做得很好，或是对接人对你的成果特别了解，而有些没有能力分辨你的成果好坏的人，是不敢签字确认你做得好坏的。

（3）让客户表达。主要是高层的表达和认可，只要他们说句话就可以了。比如最高的董事长，说了某些话语，我们把它记录下来，这样就可以作为我们成果的见证了。

（三）应用练习

隆×电器项目告一段落，只要客户确认项目成果就可以让客户付第二笔款项了。作为项目总监的你拿着项目成果确认单找对接人签字，但对接人以自己职务太低无法确认为由拒绝。在整个项目中，你都没有接触过高层领导，请问你该如何让客户确认项目成果并要求客户付款呢？

百万思维

做任何事情，仅自己高兴是没有用的，关键是要客户认可才行。

第三节　风险防范

一、如何警觉地发现断单的风险

思考：

（1）发现断单风险的难点是什么？

（2）哪些情况表明有断单的风险？

（一）情景案例

钱B服务的TB项目组项目开始已经半年了，虽然每次项目组提交的各项报告都修改过很多遍，但都没有正式地被客户认可通过。经公司协商，项目组先进入实际的操作阶段。于是项目组入驻广东市场，帮助此市场提升业绩，以便边操作边完善。经过几轮的实地考察，项目组成员明确分工区域，忙得不可开交。

这一日，接到客户对接人的通知，说项目组的报告成果要在当月20日前全交给总公司领导审查。于是钱B召集项目组成员把前期的报告成果梳理了一遍，快马加鞭完成然后交给了客户。

然而等到28日，客户通知说项目就此结束。

钱B懵了，工作做得好好的，怎么说停就停了？自己还向公司汇报说项目没有问题，一定能拿到第三笔款呢。

案例分析

案例中客户不可能无征兆地就断单，从阶段性的发展来看已经很明显了。其实当度过蜜月期，就会进入很强的争论期，争论并不是坏事情，是为了更好地发展，而更好的发展如果没有出现，就是各自秉持自己的观点进行坚守。这时如果不能很好地协调重生，很多信号就会出现，说实话只要信号出现很难回旋，但不是没有希望。发现信号，调整策略，把彼此的损失降到最小，才是上策。

（二）策略方法

（1）提交成果。客户阶段性地要求提交全面的项目成果，并限定期限时，项目就有可能要停止了。这种状况基本无法挽回，先做好心理准备，免得到时候仓促应对，而且要保留好彼此的颜面合理地退出，毕竟不是所有的问题你都能解决，所有的客户你都能服务得好的。

（2）漠不关心。客户对你们的行程、内容、成果都不关心时，这就是断单的前兆，咨询是很讲究流程安排的，安排的好坏决定了你是否能够取得很好的成果。如果客户已经晾着你很久了，不关心你的死活了，可能他就是在等阶段性到期了。

（3）人员异动。客户内部进行人员的调整，主要的对接人离职或调岗。这些不一定能够断单，但是有断单的风险，我们要十分警惕，调整好所有的工作步调，让他们很容易跟你对接。如果做好了，对项目是一个转机也说不定。

（4）作业效果。对项目成果挑三拣四，说三道四，表现出很不满意的态度。不满积累多了，就会发生质变，我们必须小心应对处理，不然很难不被淘汰。

（5）合同条款。由于咨询的具体工作都是非标项目，一旦他们开始紧盯合同条款，说什么做了，什么没有做，就很有可能断单。一旦到了抠合同的层面，说明大家都要走法律程序了。

（三）应用练习

请问你还有哪些方式去观察和判断断单风险呢？希望大家总结一下。（实在没有，可以预测一下周围的人谁会升职，谁会离职，自己会不会被开除等。我们学到的东西要活学活用，提高警惕性，祝各位好运。）

百万思维

风险无处不在，没有办法避免，但是可以把风险控制在你可以承受的范围之内！

二、如何防范项目中有人“捣乱”

思考：

（1）防范别人“捣乱”的难点是什么？

（2）防范别人“捣乱”的方法有哪些？

（一）情景案例

梁B是客户DP公司市场部的主管。由于DP公司市场部大部分都是新进的大学生，而梁B在DP公司工作5年了，自然被尊为“大姐大”。其实只是因为时间长、资格老一点而已，她的实际工作能力也就是大学生刚毕业的水平，人很直，不会变通，做事情一板一眼。

项目组跟梁B的沟通很费力，什么事情也办不成，后来采取迂回战术，主要跟一位新人对接，这样顺利完成了第一个阶段的工作。

第二个阶段是编写手册。项目组让客户公司的小团队自主编写，最后由项目组成员进行修改。

这一日在向客户公司高层进行工作成果展示时，梁B说：“这些手册大部分都是我们自己写的，咨询师们并没有起到什么作用。”

项目组解释说：“我们做了指导和关键点的修改，看起来没有多少文字，但是我们修改了五六次呢。”可是，空口无凭，项目组有口难辩，在客户心目中的信誉度降低不少。

如果你是项目组成员，请问你有什么好的方法应对吗？

案例分析

案例中的客户梁B是一位非常尽职尽责的人，但是理解能力和意识都很低，针对这样的人我们不能把自己的频道拉低，必须让她在一定范围内发挥作用，才不影响我们的大局，但不是在现场你一言我一语的争辩，或是一言不发，表现得我们理亏，真如她所说。

（二）策略方法

（1）以上御下。用高级别领导的意志抵御低一级别人的“捣乱”。比如在编写手册前就要对客户上级说明我们的目的，我们是想让团队学习得更多，便于后期内部培训的开展等等。

（2）专业抗衡。可以这样说：“我们做咨询十几年了，这方面我们很专业，你放心吧！”

（3）软硬兼施。有的“捣乱者”是自己想要点好处，有的是欺负外人的心理在作祟，这些需要判断后行动。

（三）应用练习

HM项目组经过三个月的辛苦努力，终于提交成果了，但是要对接人先查收。对接人在收到成果报告后经过一番查看和对比提出了很多意见。项目组觉得对接人是没事找事，不符合实际情况，但是不经过对接人又无法提交项目成果报告，左右为难，搞不清楚为什么对接人要从中“捣乱”。

百万思维

在任何地方都会碰到君子或小人，我们不做小人，但是不能让小人坏我们的事情。

第四章

Chapter 4

行——微×行动百万行（案例）

说明：本章为笔者针对某品牌的咨询产品——微×行动的项目建议书模板，供各位读者参考。

第一节　微×行动战略升级

一、微×行动——终端执行系统

经过两年的努力，通过微×行动，马可×罗在终端形象、服务和价格体系等方面大有改观。微×行动坚持执行三大系统，即终端形象检查维护执行系统、终端促销通关演练执行系统和分销商价格管控系统，使得现有的29家分销商和9家直营体系终端的管理水平不断提升，最终促使马可×罗后台服务体系不断升级和改进。

二、微×升级——终端管控系统

随着公司发展战略的变化，微×行动现有的体系无法满足未来发展的需要。同时在微×行动不断实施的过程中，也有许多问题未得到及时的处理，如店长级以上中层管理者意识不强，终端执行稳定性不足等。由于检查与罚款并不能完全解决问题，所以需要通过一系列的管理工具让终端真正地服从公司的指挥，使之与公司步调一致地发展，因此微×行动需要进行战略升级。督导不再仅仅承担监察和督导的职能，而是满足公司的战略需要。

三、2017 年微×行动战略升级——构建终端管控体系模型图

微×终端管控体系升级后（图 4－1）包含三部分：微×督导管控系统、微×培训管控系统及微×评估管控系统。如图 4－1 所示。

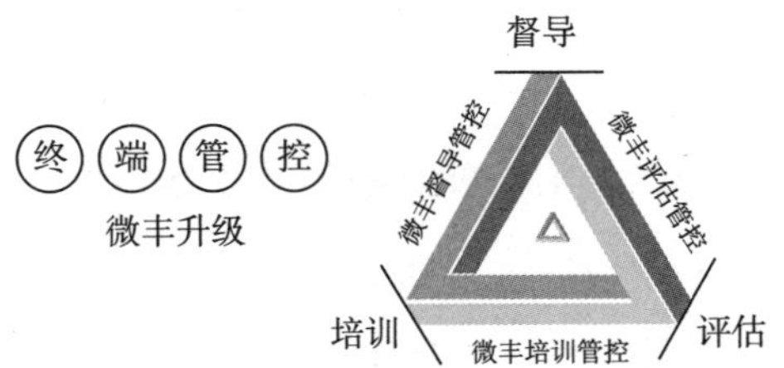

图 4－1　微×行动终端管控体系模型图

（一）微×督导管控系统——常态化

（1）控服务——实战演练。通过常态化的实战演练，看人员对促销活动知识的掌握程度。

（2）控终端——明访检查。通过随时的突击检查，约束人员的日常行为，使之养成习惯。

（3）控价格——暗访下单。通过真实的订单，控制经销商的价格，从

而控制公司的价格体系。

（二）微×培训管控系统——订制化

（1）训员工——订制新员工训练。目的是及时为公司后备人员提供智力支持。

（2）练店长——提升店长的管理能力。目的是提升中层管理者的意识及管理能力。

（3）提业务——提升业务人员的沟通能力。目的是提升业务人员的协调能力，从而有效服务经销商。

（三）微×评估管控系统——客户化

（1）终端店面月度评估——考核店长。公司通过考核评估店长的绩效，提升其管理水平。

（2）暗访下单评估经销商——考核经销商。公司通过终端及价格双重管控经销商。

（3）客户满意度反馈——通过跟踪客户反馈，评估公司服务水平并不断提升服务。

（4）部门满意度评估——后勤对销售的支持程度。目的是优化内部流程，服务一线。

微×行动升级后，最大化地发挥了终端的推动能力，配合自上而下的鸿×战略执行体系，上下齐力推动公司战略目标的实现，成为公司前进的助推器（如图4－2所示）。

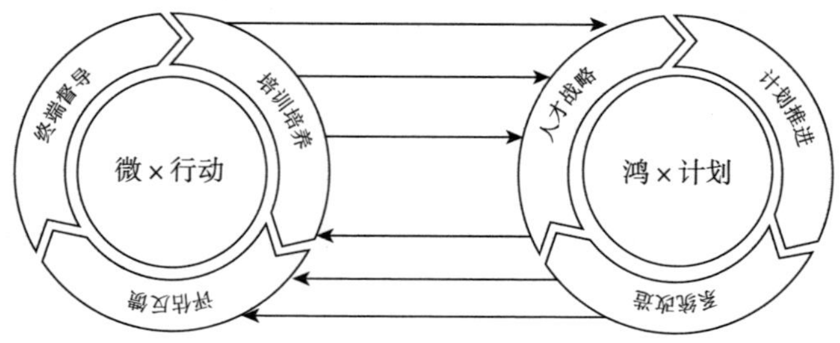

图4－2 公司战略规划推动模型图

第二节　2017 年微×行动管控的执行内容详解

根据公司的战略要求，进行全年度的微×行动主要内容安排，匹配好执行内容与时间阶段，把握整个升级方向，配合公司 2017 年战略目标的达成。

表 4－1 为 2017 年微×行动管控执行的具体内容。

表 4－1　2017 年微×行动管控执行内容详解

主题	行动	目的	时间阶段
微×行动战略升级	微×督导系统常态执行	要执行微×督导的三大执行系统，坚定不移地做好终端检查、实战演练及价格管控	2016 年 12 月、2017 年 1 月
		微×行动 2016 年总结及 2017 年战略升级宣讲会	2016 年 12 月 15 日左右
	微×行动人员架构对接	根据管控内容，培训和安排人员，对相关人员进行培训	2016 年 12 月、2017 年 1 月
		微×行动 2017 年战略升级小组研讨会	2016 年 12 月 20 日左右
微×第一季度	微×督导	1. 开展活动内容及知识的实战操作 2. 直营分销店铺《微×明访终端门店检核表》 3. 研讨升级所有的通关检查标准，促进马可×罗店铺服务升级 2.0 4. 开展活动暗访下单 10～20 家店面	2017 年 2 月、3 月
		微×战略小组研讨会议第一季会议	2017 年 2 月 7 日左右
	微×培训	结合鸿×计划选拔内部培训师，并辅导其开发相关课程	2017 年 1 月
		指导内训师课程开发：3～5 门 1. 微×训练《新员工成长力训练计划》之 1、2 2. 店长及以上业务管理人员培训之 1、2 3. 微×行动问题解决案例集解之一 针对不同层面的不同问题研讨开发解决方案	2017 年 2 月、3 月

续表

微×第一季度	微×培训	《微×训练——新员工成长力训练课程》	2017年2月15日左右
		《微×训练——店长及业务管理人员培训课程》	2017年3月15日左右
	微×评估	1. 终端店面月度评估——考核店长38张问卷 2. 暗访下单评估经销商——考核经销商20张订单 3. 客户满意度反馈评估——调查公司品牌的100个电话反馈问题 4. 部门满意度评估考核——后期对销售的支持，计38张问卷	2017年 2月、3月
		微×市场评估问题改善研讨会	2017年3月25日左右
		根据问题进行内部流程的模块化改造	2017年4月 (20~40天)
微×第二季度	微×督导	标准升级： 1. 直营分销店铺的《微×明访终端门店检核表2.0版》 2. 促销活动实战演练抽检模式试点 常态检查与常态暗访购买订单10~20张	2017年 4月、6月
		微×战略小组研讨会议第二季会议	2017年4月20日左右
	微×培训	指导课程开发：3~5门 1. 微×训练《新员工成长力训练计划》之3、4 2. 店长及以上业务管理人员培训之3、4 3. 微×行动问题解决案例集解之二 针对不同层面的不同问题研讨开发解决方案	2017年 4月、6月
		常规化《微×训练——新员工成长力训练课程》	2017年4月15日左右
		常规化《微×训练——店长及业务管理人员培训课程》	2017年5月25日左右
	微×评估	1. 终端店面月度评估——考核店长38张问卷 2. 暗访下单经销商评估——考核经销商20张订单 3. 客户满意度反馈评估——公司品牌100个电话反馈 4. 部门满意度评估考核——后期对销售的支持38张问卷	2017年 4月、6月
		微×市场评估问题改善研讨会	2017年6月5日左右

续表

半年度		半年度——微×行动半年度总结会	2017年6月15日左右
		茶话会——微×核心经销商经营发展茶话会	2017年6月18日左右
微×第三季度	微×督导	常态化检核： 1. 直营分销店铺《微×明访终端门店检核表2.0版》 2. 促销活动实战演练抽检模式试点 常态检查与常态暗访购买订单10~20张	2017年4月、5月
		微×战略小组研讨会议第三季会议	2017年6月5日左右
	微×培训	指导课程升级：3~5门 1. 微×训练《新员工成长力训练计划》之1、2、3、4 2. 店长及以上业务管理人员培训之1、2、3、4 3. 微×行动问题解决案例集解之三 针对不同层面的不同问题研讨开发解决方案	2017年7月、8月
		常规化《微×训练——新员工成长力训练课程》	2017年7月15日左右
		常规化《微×训练——店长及业务管理人员培训课程》	2017年8月25日左右
	微×评估	终端店面月度评估——考核店长38张问卷 暗访下单经销商评估——考核经销商20张订单 客户满意度反馈评估——公司品牌100个电话反馈 部门满意度评估考核——后期对销售的支持38张问卷	2017年7月、8月
		微×市场评估问题改善研讨会	2017年6月5日左右
微×第四季度	微×督导	常态化检核： 1. 直营分销店铺《微×明访终端门店检核表3.0版》试点 2. 促销活动实战演练抽检模式固定化 常态检查与常态暗访购买订单10~20张	2017年9月、11月
		微×战略小组研讨会议第四季会议	2017年10月10日左右
	微×培训	课程固化：3~6门 1. 根据全年微×开发课程，培养内部培训师，固化公司无形知识资产 2. 微×行动问题解决案例集解之四 3. 针对全年执行过程中的问题，规划下一年度的培训重点	2017年9月、11月

续表

微×第四季度	微×培训	常规化《微×训练——新员工成长力训练课程》	2017年9月15日左右
		常规化《微×训练——店长及业务管理人员培训课程》	2017年10月25日左右
	微×评估	1. 终端店面月度评估——考核店长38张问卷 2. 暗访下单经销商评估——考核经销商20张订单 3. 客户满意度反馈评估——公司品牌100个电话反馈 4. 部门满意度评估考核——后期对销售的支持38张问卷 年度评估与工作指标匹配总结	2017年9月、11月
		微×市场评估问题改善研讨会	2017年12月5日左右
全年度		微×行动年度总结会	2017年12月10日左右
		茶话会——微×核心经销商经营发展茶话会	2017年12月12日左右
		微×行动2017年总结与2018年规划展望	2017年12月15日左右

第三节 2017年微×行动管控执行步骤与成果详解

以微×督导的常态化执行为基础，继续加大力度检查终端、管控价格及进行促销实战演练，同时，整合内外部资源，全面推动微×行动2017年的战略目标实现。

一、2017年微×行动第一季——微×行动计划实施推进表

表4－2为2017年微×行动第一季的计划实施推进表。

表 4－2　2017 年微×行动第一季计划实施推进表

任务 \ 月（周）	2016 年 12 月				2017 年 1 月				2017 年 2 月			
	1	2	3	4	1	2	3	4	1	2	3	4
督导检查												
1. 促销活动实战演练												
2. 微×明访终端门店检核表												
3. 微×管理群信息发布												
4. 暗访人员订单												
5. 微×人员档案的建立与更新												
指导课程开发（第 1、2、3 门）												
1. 新员工成长力训练计划												
2. 店长及以上业务管理人员培训												
3. 微×行动问题解决案例集解												
指导课程讲授												
1. 新员工成长力训练计划												
2. 店长及以上业务管理人员的培训												
3. 微×行动问题解决案例集解												
评估反馈												
1. 终端店面月度评估（38 张问卷）												
2. 部门满意度评估（38 张问卷）												
3. 暗访下单经销商评估（20 张订单）												
4. 客户满意度反馈评估（100 通电话）												
解决方案研讨会												
1. 微×行动内部小组会议第一季												
2. 微×2017 战略升级宣讲会												
说明：促销实战演练根据公司活动安排，每月固定突击检查。培训工作年前以开发为主，年后以培训为主。评估活动根根据情况选择月或季度定期执行。												

续表

第一季度可预见成果：
第一，通项成果 1. 各终端店面检查的合格率达到90%（34家以上） 2. 促销活动实战演练合格率达到98%（只有2%被惩罚） 3. 下单中，发现问题订单的比例在10%（2~4单左右） **第二，开发成果** 1. 新员工微×成长力系列课程 （1）拟定课题一《成长力之高级导购员的销售心态与格局》 （2）拟定课题二《成长力之瓷砖产品销售的流程与技巧》 （3）拟定课题三《成长力之店面管理与形象维护》 2. 店长及以上业务管理人员培训 （1）拟定课题一《营销人员应该知道的那些事儿》 （2）拟定课题二《当大将如何带队伍》 （3）拟定课题三《笔迹识人、用人的管理之道》 **第三，评估成果** 1. 每月各店铺成绩与店长绩效挂钩，提交考核表 2. 每季度支持部门满意度评估报告，供部门评定参考 3. 每半年消费者满意度调查反馈，供公司整体绩效参考

二、2017年微×行动第二季——微×行动计划实施推进表

表4－3为2017年微×行动第二季的计划实施推进表。

表4－3　2017年微×行动第二季计划实施推进表

月（周） 任务	2017年3月				2017年4月				2017年5月			
	1	2	3	4	1	2	3	4	1	2	3	4
督导检查												
1. 促销活动实战演练												
2. 微×明访终端门店检核表2.0												
3. 微×管理群信息发布												
4. 暗访人员下订单												
5. 微×人员档案的建立与更新												

续表

课程开发（第 3、4、5 门）												
1. 新员工成长力训练计划												
2. 店长及以上业务管理人员培训												
3. 微×行动问题解决案例集解												
课程讲授（第 3、4、5 门）												
1. 新员工成长力训练计划												
2. 店长及以上业务管理人员培训												
3. 微×行动问题解决案例集解												
评估反馈												
1. 终端店面月度评估（38 张问卷）												
2. 部门满意度评估（38 张问卷）												
3. 暗访下单经销商评估（20 张问卷）												
4. 客户满意度反馈评估（100 通电话）												
解决方案研讨会												
1. 微×行动内部小组会议第二季												
2. 微×市场评估问题改善研讨会												

第二季说明：促销实战演练根据公司活动安排，每月检查标准升级并持续进行。培训工作年前以开发第二批课程为主，完善第一批课程。在评估调查过程中，将信息反馈到公司高层委员会梳理内部流程，以适应公司的发展

第二季度可预见成果：

第一，通项成果

1. 各终端店面检查的合格率达到 90%（34 家以上**根据情况进行考核标准升级** 2.0）
2. 促销活动实战演练合格率达到 98%（只有 2% 被惩罚）
3. 下单中，发现问题订单的比例在 10%（2~4 单左右）

（根据执行情况，不断调整变化……）

第二，第一批课程讲授

1. 新员工微×成长力系列课程

（1）《成长力之高级导购员的销售心态与格局》

（2）《成长力之瓷砖产品销售流程与技巧》

（3）《成长力之店面管理与形象维护》

续表

2. 店长及以上业务管理人员培训。 （1）《营销人应该知道的那些事儿》 （2）《当大将如何带队伍》 （3）《笔迹识人、用人的管理之道》 **第三，第二批课程开发** 1. 新员工微×成长力系列课程 （1）拟定课题四《成长力之效率提升与情绪管理》 （2）拟定课题五《消费者心态认知与销售升级》 （3）拟定课题六《成长力之微×行动新员工常见问题详解》 2. 店长及以上业务管理人员培训 （1）拟定课题四《管理者的格局与思想意思》 （2）拟定课题五《“90后”的管理》 （3）拟定课题六（根据公司的问题和战略拟定开发课题再确定） **第四，评估成果** 1. 每月各店铺成绩与店长绩效挂钩，提交考核表 2. 每季度支持部门满意度评估报告，供部门评定参考

三、2017年微×行动第三季——微×行动计划实施推进表

表4-4为2017年微×行动第三季计划实施推进表。

表4-4　2017年微×行动第三季计划实施推进表

月（周） 任务	2017年6月				2017年7月				2017年8月			
	1	2	3	4	1	2	3	4	1	2	3	4
督导检查												
1. 促销活动实战演练												
2. 微×明访终端门店检核表2.0												
3. 微×管理群信息发布												
4. 暗访人员买卡下单												
5. 微×人员档案建立与更新												
课程开发（1~5全面升级固化）												
1. 新员工成长力训练计划												

续表

2. 店长及以上业务管理人员培训												
3. 微×行动问题解决案例集解												
课程讲授（1～5 讲授）												
1. 新员工成长力训练计划												
2. 店长及以上业务管理人员培训												
3. 微×行动问题解决案例集解												
4. 课程内部 TTT 讲师复制												
评估反馈												
1. 终端店面月度评估（38 张问卷）												
2. 部门满意度评估（38 张问卷）												
3. 暗访下单经销商评估（20 张问卷）												
4. 客户满意度反馈评估（100 通电话）												
解决方案研讨会												
1. 微×行动内部小组会议第三季												
2. 微×市场评估问题改善研讨会												
3. 微×行动半年度总结呈现会												

第三季说明：根据前两季度的运作，基本完成新标准制定执行，新课程开发完善，内部流程梳理模块化，为公司各项事情顺利开展打下坚实基础

第三季度可预见成果：

第一，通项成果

1. 各终端店面检查的合格率达到 90%（34 家以上）
2. 促销活动实战演练合格率达到 98%（只有 2% 被惩罚）
3. 下单中，发现问题订单的比例在 10%（2～4 单左右）

（根据执行情况，不断调整变化招式）

第二，第二批课程讲授

1. 新员工微×成长力系列课程

（1）拟定课题四《成长力之效率提升与情绪管理》

（2）拟定课题五《消费者心态认知与销售升级》

（3）拟定课题六《成长力之微×行动新员工常见问题详解》

续表

2. 店长及以上业务管理人员培训 （1）拟定课题四《管理者的格局与思想意思》 （2）拟定课题五《“90后”的管理》 备注：根据公司的人员变动需要进行开课 **第三，评估成果** 1. 每月各店铺成绩与店长绩效挂钩，考核表提交 2. 每季度支持部门满意度评估报告，部门评定参考 3. 每半年消费者满意度调查反馈，公司整体绩效参考

四、2017年微×行动第四季——微×行动计划实施推进表

表4－5为2017年微×行动第四季计划实施推进表。

表4－5　2017年微×行动第四季计划实施推进表

任务 ＼ 月（周）	2017年9月				10月				11月			
	1	2	3	4	1	2	3	4	1	2	3	4
督导检查												
1. 促销活动实战演练												
2. 微×明访终端门店检核表2.0												
3. 微×管理群信息发布												
4. 暗访人员买卡下单												
5. 微×人员档案的建立与更新												
课程开发（固化）												
1. 新员工成长力训练计划												
2. 店长及以上业务管理人员培训												
3. 微×行动问题解决案例集解												
课程讲授（讲授）												
1. 新员工成长力训练计划												
2. 店长及以上业务管理人员培训												
3. 微×行动问题解决案例集解												

续表

4. 课程内部 TTT 讲师复制												
评估反馈												
1. 终端店面月度评估（38 张问卷）												
2. 部门满意度评估（38 张问卷）												
3. 暗访下单经销商评估（20 张问卷）												
4. 客户满意度反馈评估（100 通电话）												
解决方案研讨会												
1. 微 × 行动内部小组会议第四季												
2. 微 × 市场评估问题改善研讨会												
3. 微 × 行动年度计划及战略研讨												
第四季说明：通过前三季度的运作，所有推进的项目都步入正轨，第四季度要坚持完善并总结不足，为 2018 年的战略目标发展服务。练好内功，打下一个坚实的基础												
第四季度可预见成果： **第一，通项成果** 1. 各终端店面检查的合格率达到 90%（34 家以上） 2. 促销活动实战演练合格率达到 98%（只有 2% 被惩罚） 3. 下单中，发现问题订单的比例在 10%（2 ~4 单左右） （根据执行情况，不断调整变化招式） **第二，课程复制。** 1.《新员工微 × 成长力系列课程》 2.《店长及以上业务管理人员培训》 （根据公司人员情况，选取合适的优秀员工进行讲师培养与复制） **第三，评估成果。** 1. 每月各店铺成绩与店长绩效挂钩，提交考核表 2. 每季度支持部门满意度评估报告，供部门评定参考 3. 每半年消费者满意度调查反馈，供公司评定整体绩效参考												

第四节　微×行动指导模型与操作步骤说明

微×行动的战略升级需要以强大、完整、缜密的理论方法和执行步骤为指导，才能有效推进。

一、微×行动总指导：模型一——微×战略行动的核心指导模型

以店面业绩提升为导向的督导检查、终端行为规范、课程开发、评估指导等活动，在于提升业绩，为2017年战略目标的实现打好基础。

图4－3为微×行动单店营业力提升模型。

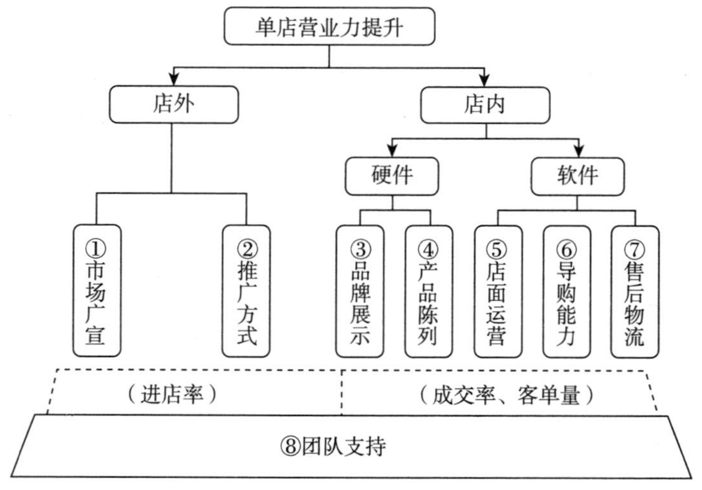

图4－3　微×行动单店营业力提升模型

说明：终端营业公式为进店率×成交率×客单价＝店铺销售额。

二、督导操作指导：模型二——微×行动服务持续督导提升

督导检查工作以制订标准、检核执行、评估奖罚为手段，不断提升品

牌形象，提高品牌服务，促进马可×罗导购员整体素质的提升。

图4－4为微×行动服务持续督导提升模型。

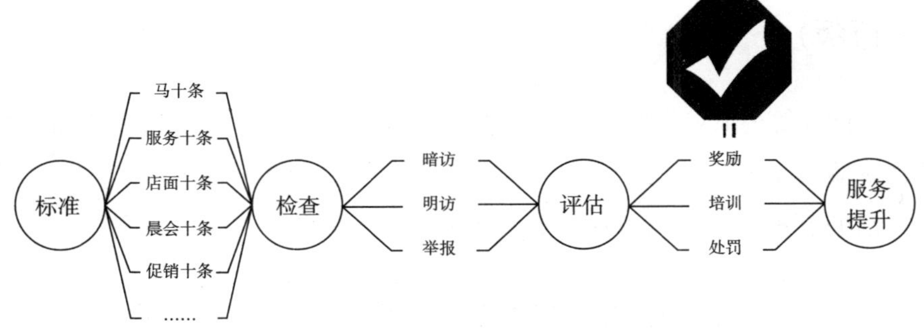

图4－4　微×行动服务持续督导提升模型

三、明访操作指导：模型三——微×行动突击检查的“十二拍”

突击检查标准化步骤，加上及时发现问题、解决问题的内部流程，让终端随时随地都在掌控之中。

图4－5为微×行动突击检查的“十二拍”。

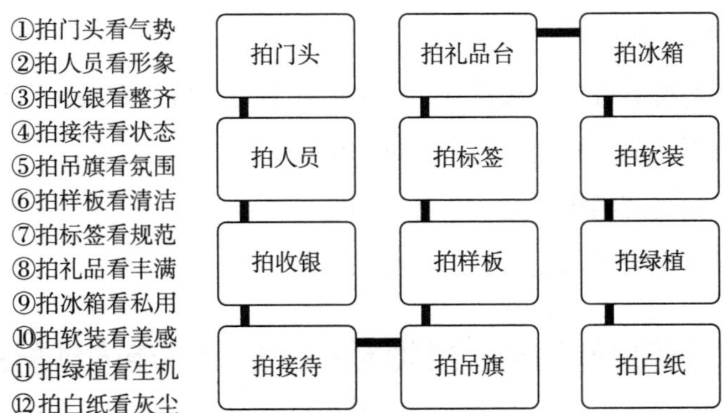

图4－5　微×行动突击检查的“十二拍”

四、实战演练指导：模型四——实战步骤及演练9问（试行版）

实战演练前需要根据促销活动内容，内部拟定核心内容，划定标准，然后在终端实战演练。

前期准备参考图4-6所示的步骤执行。

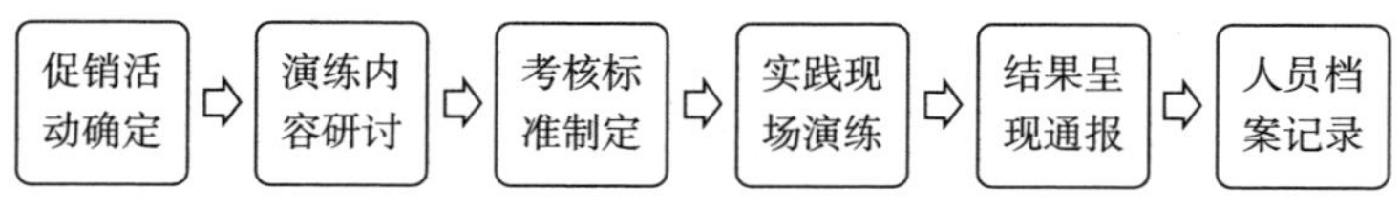

图4-6 实战步骤

现场演练参考以下9个问题：

（1）你们最近有什么活动啊？

（2）你们有什么特价产品可以推荐？

（3）这些都是尾货库存才拿出来做特价促销的吧？

（4）你们竞争品牌专卖店我也去了，有一款比你们的价格还低。

（5）我家卫生间面积大概4平方米，厨房的面积大概是4.5平方米，可以请您给我做个预算吗？

（6）你们售后服务怎么样啊？很多店在消费者付款后就什么都不管了。

（7）根据交流随机提问一个刁难问题。

（8）根据交流随机提问一个刁难问题。

（9）根据交流随机提问一个刁难问题。

五、暗访操作指导：模型五——暗访下单内外配合的九九流程图

暗访下单不是简单地拿钱买东西，而是要完成一些系统的工作。内部核心人员了解即可，绝对机密，不可外泄。（详细解释亦属于保密）

图4-7为暗访下单内外配合九九流程图。

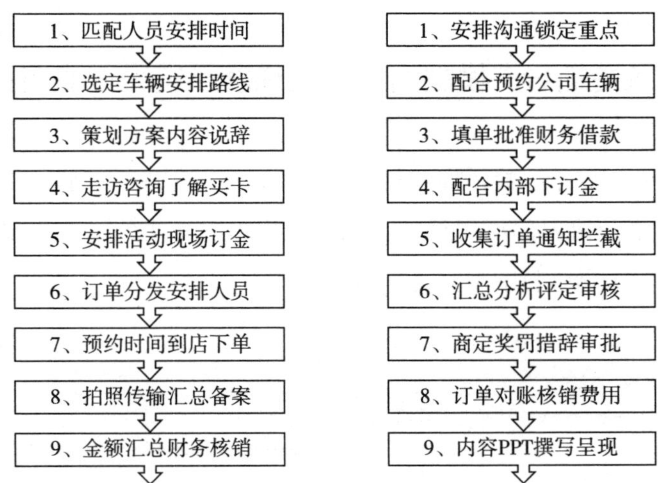

图 4－7　暗访下单内外配合九九流程图

六、课程开发指导：模型六——ADDIE 模型课程开发系统

根据 ADDIE 开发的模型要包含三个方面内容，即要学什么、如何去学、如何判断学习者已达到的学习效果，以方便订制化开发马可×罗微×战略所需要的课程系统。

具体开发流程如图 4－8 所示。

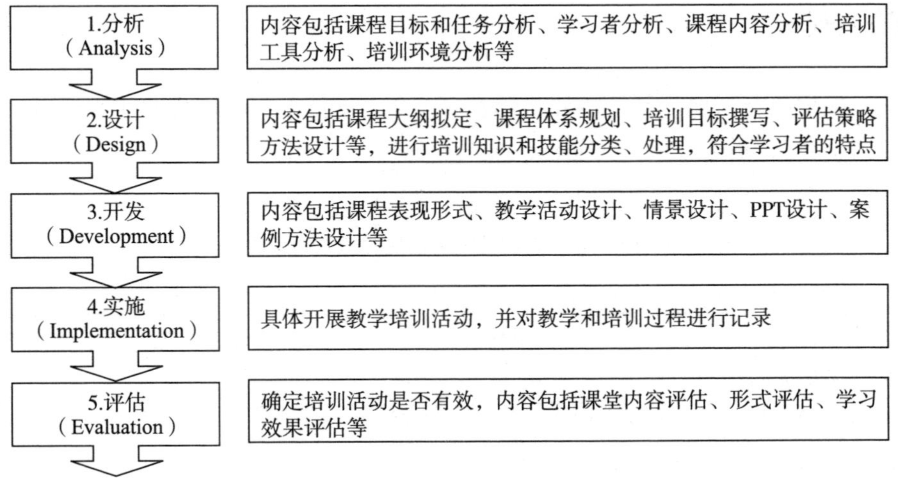

图 4－8　ADDIE 模型课程开发系统

七、流程改造指导：模型七——三梯度系统流程改造推动法

根据客户、终端、经销商的真实信息反馈（如图4-9所示），改进内部服务流程，使公司内部流程适应市场。练好内功，使公司有更强的承载能力，为今后做大做强打下坚实的基础。

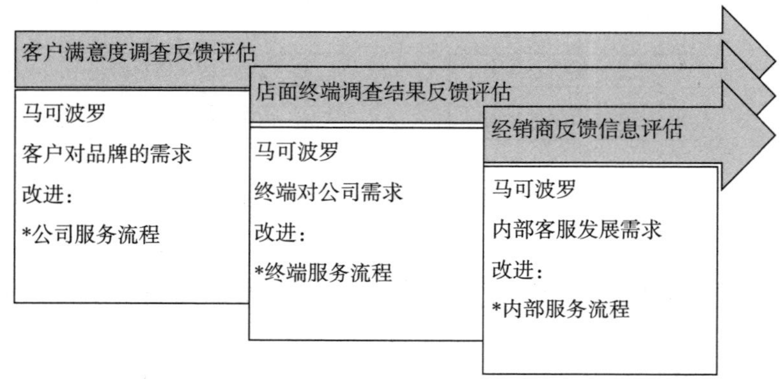

图4-9　三梯度系统流程改造推动法

八、管控执行工具：系统八——各种执行过程中所需的表单工具

根据执行需要，制订各种工具表单，全力支持微×战略行动的执行。

表4-6为微×第三方明访终端门店检查表（2.0执行版）。

表4-6　微×第三方明访终端门店检查表（2.0执行版）

店铺名称：　　　　检查人员：（　　　）　　　　检查日期：________

项目	分数
（一）导购员形象	
1. 不能穿花色服饰，必须穿深色工作服、工鞋，并佩戴工牌（3分）	
2. 头发不能披肩，必须盘发（2分）	

续表

3. 不能佩戴超过三件的首饰（3 分）	
4. 不能有大红、大紫的指甲颜色出现（2 分）	
5. 不能涂抹十分艳丽的口红，要淡妆上岗（2 分）	
（二）环境卫生	
1. 店顶：天花板、墙角、灯具目视无灰尘、无蜘蛛网（2 分）	
2. 地面：保持清洁光亮，人在直立视线内无灰尘、无纸屑、无烟头、无脚印、无水渍等污染物（4 分）	
3. 瓷砖：无破损、无污染、无划痕（5 分）	
4. 样品：商品没有破损、残缺、污渍等现象（3 分）	
5. 样板间：无堆砖、无杂物、各项工具等（5 分 ）	
6. 吊旗：张贴整齐，间距适中，无破损（5 分）	
7. 标签：张贴整齐，同一砖上不超过三个标签。价格标签、促销标签、说明标签，都有统一固定的位置（5 分）	
8. 展架：展架上面必须有宣传单页、杂志等宣传物料，不允许空缺，并且摆放整齐（3 分）	
9. 礼品：礼品堆放醒目，造型新颖，有美感（3 分）	
10. 饮水机：饮水机水槽的水不超过三分之一，无污渍；不摆放其他物品在饮水机上（3 分）	
11. 垃圾桶：垃圾桶内的垃圾不允许超过三分二，并且放在消费者看不见的位置，允许放样板间和过道（3 分）	
12. 绿植：绿植上面无灰尘，翠绿，有生机；花盆里没有烟头纸屑等杂物（3 分）	
13. 饰品：饰品摆放有艺术感，运用三角形陈列原则；所有 Logo 向外露出，活动单页、物品叠放整齐（3 分）	
14. 软装：灯具、龙头、花洒、台盆等软装无破损情况（2 分）	
15. 前台：收银台桌面整洁干净，不堆杂物，电脑、POS 设备、单据、展业文件夹有相应位置（5 分）	
16. 冰箱内的物品摆放整齐、干净，严禁放个人物品。如果员工带饭，要放在最下层看不见的位置（3 分）	
17. 荣誉墙：照片要最新的照片，尺寸合适，照片美观、大方（2 分）	
18. 果盘：果盘要保持装满水果，并及时清理果皮（3 分）	
19. 音乐：门店内要播放舒缓的音乐，音量适中，给人愉悦的感觉（3 分）	
20. 灯光：店内的灯光要明亮，无论店内是否有人，所有的灯都要打开。在人流量特别少的时候，可以关闭部分灯（2 分）	
21. 购物清单及笔：在卡片框里放置好铅笔和卡片，供客户随时取用（3 分）	
（三）过程服务	
1. 进门迎宾必须说“欢迎光临马可 × 罗”（3 分）	

续表

2. 送宾标准的送别语为“欢迎下次光临”（3分）	
3. 服务过程中，是否全程“微笑服务”（3分）	
4. 不允许出现4个及以上导购员围攻消费者的现象（3分）	
（四）文件管理	
1. 店铺历史资料的整理、归档是否清楚；店铺各种报表是否清晰、明了（3分）	
2. 日常购销、往来单据是否齐全、清晰（3分）	
3. 公司的发文通知、传真资料保管是否完整（3分）	

表4－7为微×第三方客户满意度调查表。

表4－7 微×第三方客户满意度调查表

项目	序号	说明/记录	备注
访谈客户量记录	1	采集样本客户数量（　　　）位	
	2	打通电话数量（　　　）通	
	3	有效客户数量（100）位	
	4	不愿意参与访谈数量（　　　）人	
调查问题参考	1	搬送上门态度性	
	2	退换货及时性	
	3	送货不及性	
	4	交货期满意度	
	5	服务承诺兑现	
	6	配件货品是否满足	
不调查问题记录	1		
	2		
	3		
	4		
	5		
	6		
调查话术	1	马可×罗客户满意度调查部， 打扰你3分钟时间，请问您方便吗？	
	2	请问您对马可×罗公司的服务满意吗？	
	3	评定，最好分5分，您打几分？ （如不满意，请询问原因并填写记录。）	
	4	非常感谢您的支持，祝您工作生活愉快！	

续表

调查记录	1	非常满意（5 分）（　　）人	
	2	满意（4 分）（　　）人	
	3	一般（3 分）（　　）人	
	4	不满意（2 分）（　　）人	
	5	非常不满意（1 分）（　　）人	
备注：1、（　　）处填写数字；2、将不满意问题分类记录，如何产品、服务、导购等			

第五节　微×行动项目组成员及架构设置

表 4－8　为微×行动项目组成员

项目组名称：微×战略行动项目组	
项目总负责人：朱总 项目检核人：叶总	
咨询顾问：熊亚柱	项目组长：李 H
助理咨询师：任 B、李 I、葛××	项目成员：于 A、黄 B、陈 E

表 4－9　为微×行动项目组成员责任分工

项目组	负责	监督指导
咨询总监：熊亚柱	整体把握微×战略行动的规划、步骤、方向、执行，把控全部作业内容的方向	朱总 叶总
总监助理：任 B 暗访督导：李 I、严 A	以神秘消费者身份暗访门店，评价门店的服务质量，看操作是否规范，收集价格变动的证据	
项目组长：李 H	负责协调内部微×行动的执行与跟进，对项目推进所需的资源和支持进行协调	
项目成员：于 A、黄 B、李 I、陈 E	负责项目组资料素材的整理，文案的制作、下发、传达，内部的流程协调，店铺的明访任务，手册所需资料的整理排版等	

第六节　费用预算

根据工作量及咨询师投入的时间、人力与产出成果核算费用（万元）如表 4－10 所示。

表 4－10　费用预算

<table>
<tr><th>任务与时间</th><th colspan="2">2016 年 12 月、
2017 年 1 月</th><th colspan="2">2017 年
2 月、3 月</th><th colspan="2">2017 年
4 月、5 月</th><th colspan="2">2017 年
6 月、7 月</th><th colspan="2">2017 年
8 月、9 月</th><th colspan="2">2017 年
10 月、11 月</th><th>成果</th></tr>
<tr><td colspan="14">微×督导模块</td></tr>
<tr><td>1. 店面暗访下单
（1）评估服务质量
（2）评估店面环境
（3）检核价格是否统一</td><td colspan="2">4</td><td colspan="2">4</td><td colspan="2">4</td><td colspan="2">4</td><td colspan="2">4</td><td colspan="2">4</td><td>1. 维护终端形象，展示马可×罗品牌
2. 提升导购员的服务水平
3. 稳定市场价格
4. 惩治任何扰乱市场的不良行为
备注：频次倍增，加量不加价</td></tr>
<tr><td>2. 明访突击检查
（1）核定通关内容
（2）升级检核标准
（3）参与明访检查</td><td>2</td><td>2</td><td>2</td><td>2</td><td>2</td><td>2</td><td>2</td><td>2</td><td>2</td><td>2</td><td>2</td><td>2</td><td></td></tr>
</table>

续表

3. 促销实战演练 （1）锁定内容的编辑 （2）实战演练的执行 （3）人员档案的记录	2	2	2	2	2	2	
4. 暗访微信群发布 （1）听暗访录音视频 （2）撰写评定快讯 （3）提成改进建议	1	1	1	1	1	1	
微×培训模块							
5. 新员工微×成长力系列课程 （1）《高级导购员的销售心态与格局》 （2）《成长力之瓷砖产品销售流程与技巧》 （3）《成长力之店面管理与形象维护》 （4）《成长力之效率提升与情绪管理》 （5）《消费者心态认知与销售升级》 （6）《成长力之微×行动新员工常见问题详解》	2	2	2	2	2	2	1. 锁定微×行动成果 2. 改变成员的观念 3. 通过系统培训，管控员工 4. 通过内部人才的培养与订制化开发课程，以适应公司的发展战略 5. 基层和中层配合，共同成长，促进公司全面发展 6. 建立属于自己的人才培养体系 备注：运用鸿×计划人才进行课程开发，课程讲授培养，终端复制等
6. 店长及以上业务管理人员培训 （1）《营销人应该知道的那些事儿》	2	2		2	2		

续表

<table>
<tr><td colspan="2">（2）《领导如何带队伍》
（3）《管理者的格局与思想意思》
（4）拟定课题五《“90后”的管理》
……</td><td colspan="2"></td><td colspan="4"></td><td colspan="2"></td><td colspan="4"></td><td colspan="3" rowspan="3"></td></tr>
<tr><td colspan="2">7. 微×案例经典集库
（1）《优秀店铺的运营管理模式》
（2）《优秀导购员的运营管理模式》</td><td colspan="2">2</td><td colspan="2">2</td><td colspan="2">2</td><td colspan="2">2</td><td colspan="2">2</td><td colspan="2">2</td></tr>
<tr><td colspan="2">8. 内训师培训辅导</td><td colspan="6">2</td><td colspan="6">2</td></tr>
<tr><td colspan="17">微×评估模块</td></tr>
<tr><td colspan="2">9. 终端店面评估店长</td><td colspan="2">1</td><td colspan="2">1</td><td colspan="2">1</td><td colspan="2">1</td><td colspan="2">1</td><td colspan="2">1</td><td colspan="3" rowspan="4">反馈信息，把握方向，调整行动</td></tr>
<tr><td colspan="2">10. 下单评估经销商</td><td colspan="2">1</td><td colspan="2">1</td><td colspan="2">1</td><td colspan="2">1</td><td colspan="2">1</td><td colspan="2">1</td></tr>
<tr><td colspan="2">11. 满意度评估品牌</td><td colspan="6">2</td><td colspan="6">2</td></tr>
<tr><td colspan="2">12. 微×总结呈现会议</td><td colspan="12">2</td></tr>
<tr><td colspan="2" rowspan="2">报价合计</td><td>10万元</td><td>10万元</td><td>10万元</td><td>10万元</td><td>10万元</td><td>10万元</td><td>10万元</td><td>10万元</td><td>10万元</td><td colspan="3">10万元</td><td rowspan="2">10万元</td><td rowspan="2">10万元</td><td rowspan="2">通过微×战略升级，全面推动马可×罗成为业界标杆</td></tr>
<tr><td colspan="2">20万元</td><td colspan="2">20万元</td><td colspan="2">20万元</td><td colspan="2">20万元</td><td colspan="2">20万元</td><td colspan="2">20万元</td></tr>
<tr><td colspan="2">优惠折扣</td><td colspan="2">18万元</td><td colspan="2">18万元</td><td colspan="2">18万元</td><td colspan="2">18万元</td><td colspan="2">18万元</td><td colspan="2">18万元</td><td colspan="3" rowspan="3"></td></tr>
<tr><td rowspan="2">优惠模式</td><td>费用</td><td colspan="4">36万元</td><td colspan="4">36万元</td><td colspan="4">36万元</td></tr>
<tr><td>合计</td><td colspan="12">108万元</td></tr>
</table>

第七节　咨询顾问

熊亚柱　资深讲师、咨询顾问

上海鸿识咨询公司创始人 CEO

国际职业在线联盟、TTT 认证教练

望天树资源整合平台合伙人

上海联纵智达营销教育集团培训总监、高级咨询师

上海宽学网特聘专家顾问、营销课程体系设计师

上海马可波罗瓷砖督导顾问

多家企业特聘终端营销咨询顾问

在 13 年的咨询培训生涯中深入研究营业力提升之道，先后为食品零售行业第一品牌雀巢太太乐、建材家居行业第一品牌东鹏瓷砖、工业品机床行业第一品牌沈阳机床厂、纸卫行业第一品牌恒安集团、电器行业第一品牌苏宁云商集团等提供“微咨询订制化”服务，为企业提供精准培训咨询及订制化课程，使百余家企业获得绩效提升；通过“知行合一”的训练模式，引导学员自然学习，快速成长，让数十万学员受益。

个人著作：

《手把手帮建材家居导购业绩倍增》

《手把手教你做顶尖企业内训师》

《手把手教你做企业督导》

企业研究杂志专访

主讲系列课程

《微终端——单店营业力提升系列课程》

《微培训——熔炼金牌培训师系列课程》

《微成长——职业化成长训练系列课程》

《微智慧——卓越绩效管理模式系列课程》

《微咨询——岗位课程体系开发系列课程》

《微营销——OTO 时代下的传统企业营销》

服务的部分企业：

中国移动、中国平安、搜狐家居网、连奇集团、沈阳机床厂、上海智润文化公司、宝钢集团、通路快建、东鹏瓷砖、三棵树油漆、三跃建材、交大EMBA、风琳广告、陕西君悦、宝塔山油漆、新西点学校、复旦大学、世纪万豪名品、慧聪网、上海东铪商贸、SKAP、爵根仕、卡尔丹顿、爵度、嘉露红酒、日加满、太太乐、MANPOWER 人力资源公司、拉涅利橄榄油、雀巢美极、山海八珍集团、恒安集团、苏宁云商集团、宽学网、易居中国、马可波罗、潘多拉珠宝、科翔壁纸等。

熊老师实战案例集：

1. 东鹏瓷砖终端营业力提升案例

为期 10 个月的终端营业力提升项目，主要是针对直营店、经销商门店、分销商门店，在走访北京、南京、南昌、成都、石狮等市场门店的基础上，从围绕门店销量提升的因素入手，发现问题、提出方案、编制终端实用手册、开发培训课件并实施。

（1）通过外部环境分析、东鹏瓷砖内部访谈及代表市场的调研，洞察东鹏瓷砖所面临的内外部营销环境，进行东鹏瓷砖终端内外部环境现状诊断并输出调研诊断报告，制订终端营业力提升建议方案。

（2）东鹏瓷砖终端导购员营业指导手册规划及东鹏瓷砖终端营业推广指导手册规划。

（3）进行多场东鹏瓷砖终端营业能力操盘手推广能力培训、东鹏瓷砖终端营业能力导购员营业能力培训、东鹏瓷砖经销商公司化运营管理能力培训，受益人数超 1000 人。

2. 沈阳机床集团营销经理定向培养案例

结合沈阳机床集团的发展战略需要，联纵智达集团为沈阳机床集团定向培训输出营销精英人才 200 多人。为了保证培训项目的针对性与质量，达到有的放矢，联纵智达专家深入沈阳机床集团，对集团内各事业部高层进行了一周的内部访谈，在充分了解了企业的培训需求后，针对其岗位目标，围绕着企业营销经理人急需的能力，全力打造适合沈机的订制化营销课程体系。课程共分 4 大类，内容涉及营销板块的全体系。在 90 天的培训中，室内教学有 166 课时，一线市场实践有 124 课时，研讨时间有 28 课时。

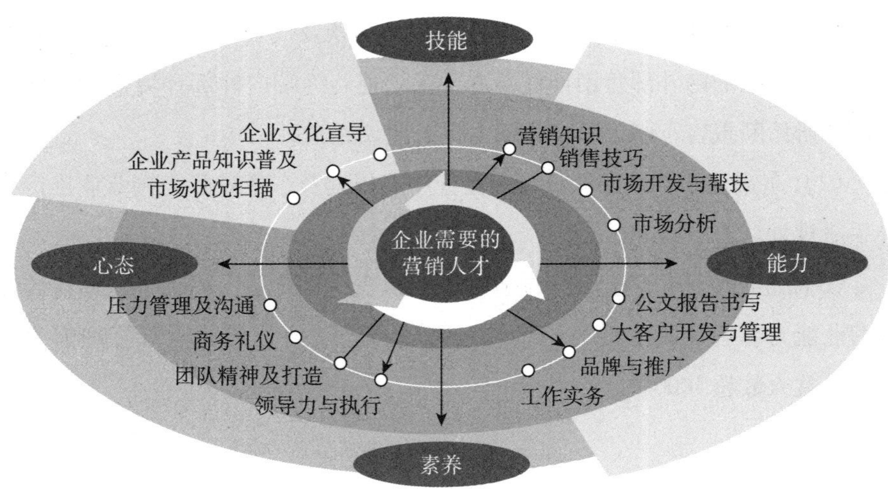

培训项目组在三个月的实训中，全班学员分成小组在联纵智达指导老师们的带领下，两次到市场一线实地走访，进行市场实战演练，让学员走出教室，感受真实的市场，学以致用。市场实训时间共计一个月。

3. 苏宁云商集团店长能力课程开发复制案例

苏宁云商是中国家电连锁企业领先者，年销售额 2300 亿元。线下苏宁电器 1600 多家的实体门店及线上的苏宁易购经营商品涵盖传统家电、消费电子、百货、日用品、图书、虚拟产品等 400 万件。

25 年的高速发展，使得其一级、二级市场的市场地位稳固。但在粗放式增长的后期，潜力主要集中在三级、四级市场。为充分开发拓展潜力巨大的三级、四级市场，项目组走访了安徽、重庆、四川、广东、山东、河北、上海等7个省市30余家门店，从消费者变化、品牌推广、市场竞争、店面管理、团队建设、后勤物流、电商渗透等方面进行全面调研与分析，提出了综合解决方案，并对其进行了为期5天的详细解读培训，获得了苏宁高层及一线店总的高度认可。

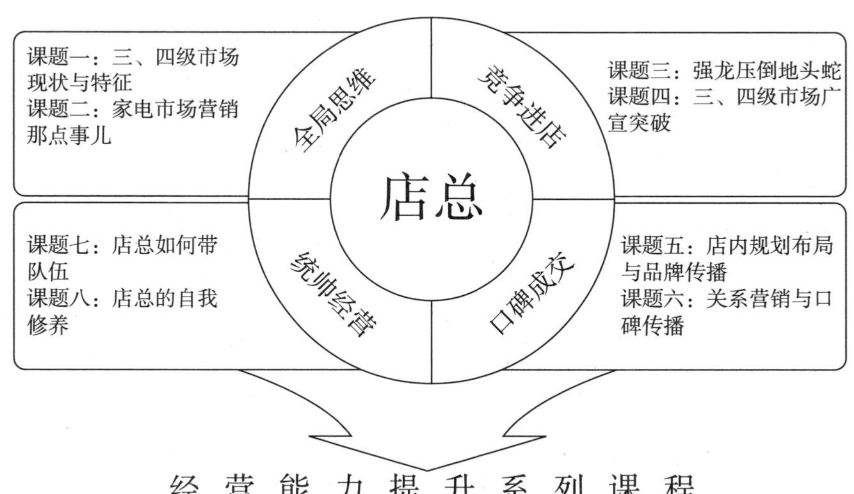

推荐作者得新书！

博瑞森征稿启事

亲爱的读者朋友：

感谢您选择了博瑞森图书！希望您手中的这本书能给您带来实实在在的帮助！

博瑞森一直致力于发掘好作者、好内容，希望能把您最需要的思想、方法，一字一句地交到您手中，成为管理知识与管理实践的桥梁。

但是我们也知道，有很多深入企业一线、经验丰富、乐于分享的优秀专家，或者忙于实战没时间，或者缺少专业的写作指导和便捷的出版途径，只能茫然以待……

还有很多在竞争大潮中坚守的企业，有着异常宝贵的实践经验和独特的洞察，但缺少专业的记录和整理者，无法让企业的经验和故事被更多的人了解、学习……

对读者而言，这些都太遗憾了！

博瑞森非常希望能将这些埋藏的“宝藏”发掘出来，贡献给广大读者，让更多的人从中受益。

所以，我们真心地邀请您，我们的老读者，帮我们搜寻：

推荐作者

可以是您自己或您的朋友，只要对本土管理有实践、有思考；可以是您通过网络、杂志、书籍或其他途径了解的某位专家，不管名气大小，只要他的思想和方法曾让您深受启发。

可以是管理类作品，也可以超出管理，各类优秀的社科作品或学术作品。

推荐企业

可以是您自己所在的企业，或者是您熟悉的某家企业，其创业过程、运营经历、产品研发、机制创新，等等。无论企业大小，只要乐于分享、有值得借鉴书写之处。

总之，好内容就是一切！

博瑞森绝非“自费出书”，出版费用完全由我们承担。您推荐的作者或企业案例一经采用，我们会立刻向您赠送书币 1000 元，可直接换取任何博瑞森图书的纸书或电子书。

感谢您对本土管理原创、博瑞森图书的支持！

推荐投稿邮箱：bookgood@126.com　　推荐手机：13611149991

1120 本土管理实践与创新论坛

这是由 100 多位本土管理专家联合创立的企业管理实践学术交流组织，旨在孵化本土管理思想、促进企业管理实践、加强专家间交流与协作。

论坛每年集中力量办好两件大事：第一，**“出一本书”**，汇聚一年的思考和实践，把最原创、最前沿、最实战的内容集结成册，贡献给读者；第二，**“办一次会”**，每年 11 月 20 日本土管理专家们汇聚一堂，碰撞思想、研讨案例、交流切磋、回馈社会。

论坛理事名单（以年龄为序，以示传承之意）

首届常务理事：

理　　事：

企业案例・老板传记

	书名. 作者	内容/特色	读者价值
企业案例・老板传记	**你不知道的加多宝:原市场部高管讲述** 曲宗恺　牛玮娜　著	前加多宝高管解读加多宝	全景式解读,原汁原味
	借力咨询:德邦成长背后的秘密 官同良　王祥伍　著	讲述德邦是如何借助咨询公司的力量进行自身 与发展的	来自德邦内部的第一线资料,真实、珍贵,令人受益匪浅
	收购后怎样有效整合:一个重工业收购整合实录(待出版) 李少星　著	讲述企业并购后的事	语言轻松活泼,对并购后的企业有借鉴作用
	娃哈哈区域标杆:豫北市场营销实录 罗宏文　赵晓萌　等著	本书从区域的角度来写娃哈哈河南分公司豫北市场是怎么进行区域市场营销,成为娃哈哈全国第一大市场、全国增量第一高市场的一些操作方法	参考性、指导性,一线真实资料
	六个核桃凭什么:从 0 过 100 亿 张学军　著	首部全面揭秘养元六个核桃裂变式成长的巨著	学习优秀企业的成长路径,了解其背后的理论体系
	像六个核桃一样:打造畅销品的 36 个简明法则 王　超　范　萍　著	本书分上下两篇:包括"六个核桃"的营销战略历程和 36 条畅销法则	知名企业的战略历程极具参考价值,36 条法则提供操作方法
	解决方案营销实战案例 刘祖轲　著	用 10 个真案例讲明白什么是工业品的解决方案式营销,实战、实用	有干货、真正操作过的才能写得出来
	招招见销量的营销常识 刘文新　著	如何让每一个营销动作都直指销量	适合中小企业,看了就能用
	我们的营销真案例 联纵智达研究院　著	五芳斋粽子从区域到全国/诺贝尔瓷砖门店销量提升/利豪家具出口转内销/汤臣倍健的营销模式	选择的案例都很有代表性,实在、实操!
	中国营销战实录:令人拍案叫绝的营销真案例 联纵智达　著	51 个案例,42 家企业,38 万字,18 年,累计 2000 余人次参与……	最真实的营销案例,全是一线记录,开阔眼界
	双剑破局:沈坤营销策划案例集 沈　坤　著	双剑公司多年来的精选案例解析集,阐述了项目策划中每一个营销策略的诞生过程,策划角度和方法	一线真实案例,与众不同的策划角度令人拍案叫绝、受益匪浅
	宗:一位制造业企业家的思考 杨　涛　著	1993 年创业,引领企业平稳发展 20 多年,分享独到的心得体会	难得的一本老板分享经验的书
	简单思考:AMT 咨询创始人自述 孔祥云　著	著名咨询公司(AMT)的 CEO 创业历程中点点滴滴的经验与思考	每一位咨询人,每一位创业者和管理经营者,都值得一读
	边干边学做老板 黄中强　著	创业 20 多年的老板,有经验、能写、又愿意分享,这样的书很少	处处共鸣,帮助中小企业老板少走弯路
	三四线城市超市如何快速成长:解密甘雨亭 IBMG 国际商业管理集团　著	国内外标杆企业的经验 + 本土实践量化数据 + 操作步骤、方法	通俗易懂,行业经验丰富,宝贵的行业量化数据,关键思路和步骤
	中国首家未来超市:解密安徽乐城 IBMG 国际商业管理集团　著	本书深入挖掘了安徽乐城超市的试验案例,为零售企业未来的发展提供了一条可借鉴之路	通俗易懂,行业经验丰富,宝贵的行业量化数据,关键思路和步骤

续表

互联网 +			
	书名．作者	内容/特色	读者价值
互联网 +	**企业微信营销全指导** 孙　巍　著	专门给企业看到的微信营销书，手把手教企业从小白到微信营销专家	企业想学微信营销现在还不晚，两眼一抹黑也不怕，有这本书就够
	企业网络营销这样做才对：B2B　大宗 B2C 张　进　著	简单直白拿来就用，各种窍门信手拈来，企业网络营销不麻烦也不用再头疼，一般人不告诉他	B2B、大宗 B2C 企业有福了，看了就能学会网络营销
	互联网时代的银行转型 韩友诚　著	以大量案例形式为读者全面展示和分析了银行的互联网金融转型应对之道	结合本土银行转型发展案例的书籍
	正在发生的转型升级·实践 本土管理实践与创新论坛　著	企业在快速变革期所展现出的管理变革新成果、新方法、新案例	重点突出对于未来企业管理相关领域的趋势研判
	触发需求：互联网新营销样本·水产 何足奇　著	传统产业都在苦闷中挣扎前行，本书通过鲜活的案例告诉你如何以需求链整合供应链，从而把大家熟知的传统行业打碎了重构、重做一遍	全是干货，值得细读学习，并且作者的理论已经经过了他亲自操刀的实践检验，效果惊人，就在书中全景展示
	移动互联新玩法：未来商业的格局和趋势 史贤龙　著	传统商业、电商、移动互联，三个世界并存，这种新格局的玩法一定要懂	看清热点的本质，把握行业先机，一本书搞定移动互联网
	微商生意经：真实再现 33 个成功案例操作全程 伏泓霖　罗晓慧　著	本书为 33 个真实案例，分享案例主人公在做微商过程中的经验教训	案例真实，有借鉴意义
	阿里巴巴实战运营——14 招玩转诚信通 聂志新　著	本书主要介绍阿里巴巴诚信通的十四个基本推广操作，从而帮助使用诚信通的用户及企业更好地提升业绩	基本操作，很多可以边学边用，简单易学
	今后这样做品牌：移动互联时代的品牌营销策略 蒋　军　著	与移动互联紧密结合，告诉你老方法还能不能用，新方法怎么用	今后这样做品牌就对了
	互联网 +“变”与“不变”：本土管理实践与创新论坛集萃·2016 本土管理实践与创新论坛　著	本土管理领域正在产生自己独特的理论和模式，尤其在移动互联时代，有很多新课题需要本土专家们一起研究	帮助读者拓宽眼界、突破思维
	创造增量市场：传统企业互联网转型之道 刘红明　著	传统企业需要用互联网思维去创造增量，而不是用电子商务去转移传统业务的存量	教你怎么在“互联网 +”的海洋中创造实实在在的增量
	重生战略：移动互联网和大数据时代的转型法则 沈　拓　著	在移动互联网和大数据时代，传统企业转型如同生命体打算与再造，称之为“重生战略”	帮助企业认清移动互联网环境下的变化和应对之道
	画出公司的互联网进化路线图：用互联网思维重塑产品、客户和价值 李　蓓　著	18 个问题帮助企业一步步梳理出互联网转型思路	思路清晰、案例丰富，非常有启发性

续表

互联网+	**7个转变，让公司3年胜出** 李　蓓　著	消费者主权时代，企业该怎么办	这就是互联网思维，老板有能这样想，肯定倒不了
	跳出同质思维，从跟随到领先 郭　剑　著	66个精彩案例剖析，帮助老板突破行业长期思维惯性	做企业竟然有这么多玩法，开眼界

行业类：零售、白酒、食品/快消品、农业、医药、建材家居等

书名．作者		内容/特色	读者价值
零售·超市·餐饮·服装	**总部有多强大，门店就能走多远** IBMG国际商业管理集团　著	如何把总部做强，成为门店的坚实后盾	了解总部建设的方法与经验
	超市卖场定价策略与品类管理 IBMG国际商业管理集团　著	超市定价策略与品类管理实操案例和方法	拿来就能用的理论和工具
	连锁零售企业招聘与培训破解之道 IBMG国际商业管理集团　著	围绕零售企业组织架构、培训体系建设等内容进行深刻探讨	破解人才发现和培养瓶颈的关键点
	中国首家未来超市：解密安徽乐城 IBMG国际商业管理集团　著	介绍了乐城作为中国首家未来超市从无到有的传奇经历	了解新型零售超市的运作方式及管理特色
	三四线城市超市如何快速成长：解密甘雨亭 IBMG国际商业管理集团　著	揭秘一家三四线连锁超市的经验策略	不但可以欣赏它的优点，而且可以学会它成功的方法
	涨价也能卖到翻 村松达夫　【日】	提升客单价的15种实用、有效的方法	日本企业在这方面非常值得学习和借鉴
	移动互联下的超市升级 联商网专栏频道　著	深度解析超市转型升级重点	帮助零售企业把握全局、看清方向
	手把手教你做专业督导：专卖店、连锁店 熊亚柱　著	从督导的职能、作用，在工作中需要的专业技能、方法，都提供了详细的解读和训练办法，同时附有大量的表单工具	无论是店铺需要统一培训，还是个人想成为优秀的督导，有这一本就够了
	百货零售全渠道营销策略 陈继展　著	没有照本宣科、说教式的絮叨，只有笔者对行业的认知与理解，庖丁解牛式的逐项解析、展开	通俗易懂，花极少的时间快速掌握该领域的知识及趋势
	零售：把客流变成购买力 丁　昀　著	如何通过不断升级产品和体验式服务来经营客流	如何进行体验营销，国外的好经营，这方面有启发
	餐饮企业经营策略第一书 吴　坚　著	分别从产品、顾客、市场、盈利模式等几个方面，对现阶段餐饮企业的发展提出策略和思路	第一本专业的、高端的餐饮企业经营指导书

续表

零售·超市·餐饮·服装	**电影院的下一个黄金十年:开发·差异化·案例** 李保煜　著	对目前电影院市场存大的问题及如何解决进行了探讨与解读	多角度了解电影院运营方式及代表性案例
	赚不赚钱靠店长:从懂管理到会经营 孙彩军　著	通过生动的案例来进行剖析,注重门店管理细节方面的能力提升	帮助终端门店店长在管理门店的过程中实现经营思路的拓展与突破
耐消品	**商业车经销商实战** 深远汽车　著	聚焦于商用车行业的经销商与4S店的运营	对商用车行业及其经销商运营有很大的指导意义
	汽车配件这样卖:汽车后市场销售秘诀100条 俞士耀　著	汽配销售业务员必读,手把手教授最实用的方法,轻松得来好业绩	快速上岗,专业实效,业绩无忧
	跟行业老手学经销商开发与管理:家电、耐消品、建材家居 黄润霖　著	全部来源于经销商管理的一线问题,作者用丰富的经验将每一个问题落实到最便捷快速的操作方法上去	书中每一个问题都是普通营销人亲口提出的,这些问题你也会遇到,作者进行的解答则精彩实用
白酒	**白酒到底如何卖** 赵海永　著	以市场实战为主,多层次、全方位、多角度地阐释了白酒一线市场操作的最新模式和方法,接地气	实操性强,37个方法、6大案例帮你成功卖酒
	变局下的白酒企业重构 杨永华　著	帮助白酒企业从产业视角看清趋势,找准位置,实现弯道超车的书	行业内企业要减少90%,自己在什么位置,怎么做,都清楚了
	1. 白酒营销的第一本书(升级版) **2. 白酒经销商的第一本书** 唐江华　著	华泽集团湖南开口笑公司品牌部长,擅长酒类新品推广、新市场拓展	扎根一线,实战
	区域型白酒企业营销必胜法则 朱志明　著	为区域型白酒企业提供35条必胜法则,在竞争中赢销的葵花宝典	丰富的一线经验和深厚积累,实操实用
	10步成功运作白酒区域市场 朱志明　著	白酒区域操盘者必备,掌握区域市场运作的战略、战术、兵法	在区域市场的攻伐防守中运筹帷幄,立于不败之地
	酒业转型大时代:微酒精选2014－2015 微酒　主编	本书分为五个部分:当年大事件、那些酒业营销工具、微酒独立策划、业内大调查和十大经典案例	了解行业新动态、新观点,学习营销方法
快消品·食品	**5小时读懂快消品营销:中国快消品案例观察** 陈海超　著	多年营销经验的一线老手把案例掰开了、揉碎了,从中得出的各种手段和方法给读者以帮助和启发	营销那些事儿的个中秘辛,求人还不一定告诉你,这本书里就有
	快消品招商的第一本书:从入门到精通 刘　雷　著	深入浅出,不说废话,有工具方法,通俗易懂	让零基础的招商新人快速学习书中最实用的招商技能,成长为骨干人才
	乳业营销第一书 侯军伟　著	对区域乳品企业生存发展关键性问题的梳理	唯一的区域乳业营销书,区域乳品企业一定要看
	食用油营销第一书 余　盛　著	10多年油脂企业工作经验,从行业到具体实操	食用油行业第一书,当之无愧

续表

快消品·食品	**中国茶叶营销第一书** 柏 龑 著	如何跳出茶行业"大文化小产业"的困境,作者给出了自己的观察和思考	不是传统做茶的思路,而是现在商业做茶的思路
	调味品营销第一书 陈小龙 著	国内唯一一本调味品营销的书	唯一的调味品营销的书,调味品的从业者一定要看
	快消品营销人的第一本书:从入门到精通 刘 雷 伯建新 著	快消行业必读书,从入门到专业	深入细致,易学易懂
	变局下的快消品营销实战策略 杨永华 著	通胀了,成本增加,如何从被动应战变成主动的"系统战"	作者对快消品行业非常熟悉、非常实战
	快消品经销商如何快速做大 杨永华 著	本书完全从实战的角度,评述现象,解析误区,揭示原理,传授方法	为转型期的经销商提供了解决思路,指出了发展方向
	一位销售经理的工作心得 蒋 军 著	一线营销管理人员想提升业绩却无从下手时,可以看看这本书	一线的真实感悟
	快消品营销:一位销售经理的工作心得2 蒋 军 著	快消品、食品饮料营销的经验之谈,重点图书	来源与实战的精华总结
	快消品营销与渠道管理 谭长春 著	将快消品标杆企业渠道管理的经验和方法分享出来	可口可乐、华润的一些具体的渠道管理经验,实战
	成为优秀的快消品区域经理(升级版) 伯建新 著	用"怎么办"分析区域经理的工作关键点,增加30%全新内容,更贴近环境变化	可以作为区域经理的"速成催化器"
	销售轨迹:一位快消品营销总监的拼搏之路 秦国伟 著	本书讲述了一个普通销售员打拼成为跨国企业营销总监的真实奋斗历程	激励人心,给广大销售员以力量和鼓舞
	快消老手都在这样做:区域经理操盘锦囊 方 刚 著	非常接地气,全是多年沉淀下来的干货,丰富的一线经验和实操方法不可多得	在市场摸爬滚打的"老油条",那些独家绝招妙招一般你问都是问不来的
	动销四维:全程辅导与新品上市 高继中 著	从产品、渠道、促销和新品上市详细讲解提高动销的具体方法,总结作者18年的快消品行业经验,方法实操	内容全面系统,方法实操
农业	**新农资如何换道超车** 刘祖轲 等著	从农业产业化、互联网转型、行业营销与经营突破四个方面阐述如何让农资企业占领先机、提前布局	南方略专家告诉你如何应对资源浪费、生产效率低下、产能严重过剩、价格与价值严重扭曲等
	中国牧场管理实战:畜牧业、乳业必读 黄剑黎 著	本书不仅提供了来自一线的实际经验,还收入了丰富的工具文档与表单	填补空白的行业必读作品
	中小农业企业品牌战法 韩 旭 著	将中小农业企业品牌建设的方法,从理论讲到实践,具有指导性	全面把握品牌规划,传播推广,落地执行的具体措施
	农资营销实战全指导 张 博 著	农资如何向"深度营销"转型,从理论到实践进行系统剖析,经验资深	朴实、使用!不可多得的农资营销实战指导
	农产品营销第一书 胡浪球 著	从农业企业战略到市场开拓、营销、品牌、模式等	来源于实践中的思考,有启发
	变局下的农牧企业9大成长策略 彭志雄 著	食品安全、纵向延伸、横向联合、品牌建设……	唯一的农牧企业经营实操的书,农牧企业一定要看

续表

医药	**在中国，医药营销这样做：时代方略精选文集** 段继东　主编	专注于医药营销咨询15年，将医药营销方法的精华文章合编，深入全面	可谓医药营销领域的顶尖著作，医药界读者的必读书
	医药新营销：制药企业、医药商业企业营销模式转型 史立臣　著	医药生产企业和商业企业在新环境下如何做营销？老方法还有没有用？如何寻找新方法？新方法怎么用？本书给你答案	内容非常现实接地气，踏实谈问题说方法
	医药企业转型升级战略 史立臣　著	药企转型升级有5大途径，并给出落地步骤及风险控制方法	实操性强，有作者个人经验总结及分析
	新医改下的医药营销与团队管理 史立臣　著	探讨新医改对医药行业的系列影响和医药团队管理	帮助理清思路，有一个框架
	医药营销与处方药学术推广 马宝琳　著	如何用医学策划把"平民产品"变成"明星产品"	有真货、讲真话的作者，堪称处方药营销的经典！
	新医改了，药店就要这样开 尚　锋　著	药店经营、管理、营销全攻略	有很强的实战性和可操作性
	电商来了，实体药店如何突围 尚　锋　著	电商崛起，药店该如何突围？本书从促销、会员服务、专业性、客单价等多重角度给出了指导方向	实战攻略，拿来就能用
	OTC医药代表药店销售36计 鄢圣安　著	以《三十六计》为线，写OTC医药代表向药店销售的一些技巧与策略	案例丰富，生动真实，实操性强
	OTC医药代表药店开发与维护 鄢圣安　著	要做到一名专业的医药代表，需要做什么、准备什么、知识储备、操作技巧等	医药代表药店拜访的指导手册，手把手教你快速上手
	引爆药店成交率1：店员导购实战 范月明　著	一本书解决药店导购所有难题	情景化、真实化、实战化
	引爆药店成交率2：经营落地实战 范月明　著	最接地气的经营方法全指导	揭示了药店经营的几类关键问题
	引爆药店成交率：专业化销售解决方案 范月明　著	药品搭配分析与关联销售	为药店人专业化助力
建材家居	**家具行业操盘手** 王献永　著	家具行业问题的终结者	解决了于家具还有没有前途？为什么同城多店的家具经销商很难做大做强等问题
	建材家居营销：除了促销还能做什么 孙嘉晖　著	一线老手的深度思考，告诉你在建材家居营销模式基本停滞的今天，除了促销，营销还能怎么做	给你的想法一场革命
	建材家居营销实务 程绍珊　杨鸿贵　主编	价值营销运用到建材家居，每一步都让客户增值	有自己的系统、实战
	建材家居门店销量提升 贾同领　著	店面选址、广告投放、推广助销、空间布局、生动展示、店面运营等	门店销量提升是一个系统工程，非常系统、实战

续表

建材家居	**10 步成为最棒的建材家居门店店长** 徐伟泽　著	实际方法易学易用，让员工能够迅速成长，成为独当一面的好店长	只要坚持这样干，一定能成为好店长
	手把手帮建材家居导购业绩倍增：成为顶尖的门店店员 熊亚柱　著	生动的表现形式，让普通人也能成为优秀的导购员，让门店业绩长红	读着有趣，用着简单，一本在手、业绩无忧
	建材家居经销商实战 42 章经 王庆云　著	告诉经销商：老板怎么当、团队怎么带、生意怎么做	忠言逆耳，看着不舒服就对了，实战总结，用一招半式就值了
工业品	**销售是门专业活：B2B、工业品** 陆和平　著	销售流程就应该跟着客户的采购流程和关注点的变化向前推进，将一个完整的销售过程分成十个阶段，提供具体方法	销售不是请客吃饭拉关系，是个专业的活计！方法在手，走遍天下不愁
	解决方案营销实战案例 刘祖轲　著	用 10 个真案例讲明白什么是工业品的解决方案式营销，实战、实用	有干货、真正操作过的才能写得出来
	变局下的工业品企业 7 大机遇 叶敦明　著	产业链条的整合机会、盈利模式的复制机会、营销红利的机会、工业服务商转型机会……	工业品企业还可以这样做，思维大突破
	工业品市场部实战全指导 杜　忠　著	工业品市场部经理工作内容全指导	系统、全面、有理论、有方法，帮助工业品市场部经理更快提升专业能力
	工业品营销管理实务 李洪道　著	中国特色工业品营销体系的全面深化、工业品营销管理体系优化升级	工具更实战，案例更鲜活，内容更深化
	工业品企业如何做品牌 张东利　著	为工业品企业提供最全面的品牌建设思路	有策略、有方法、有思路、有工具
	丁兴良讲工业 4.0 丁兴良　著	没有枯燥的理论和说教，用朴实直白的语言告诉你工业 4.0 的全貌	工业 4.0 是什么？本书告诉你答案
	资深大客户经理：策略准，执行狠 叶敦明　著	从业务开发、发起攻势、关系培育、职业成长四个方面，详述了大客户营销的精髓	满满的全是干货
	一切为了订单：订单驱动下的工业品营销实战 唐道明　著	其实，所有的企业都在围绕着两个字在开展全部的经营和管理工作，那就是"订单"	开发订单、满足订单、扩大订单。本书全是实操方法，字字珠玑、句句干货，教你获得营销的胜利
金融	**交易心理分析** (美)马克·道格拉斯　著 刘真如　译	作者一语道破赢家的思考方式，并提供了具体的训练方法	不愧是投资心理的第一书，绝对经典
	精品银行管理之道 崔海鹏　何　屹　主编	中小银行转型的实战经验总结	中小银行的教材很多，实战类的书很少，可以看看
	支付战争 Eric M. Jackson　著 徐　彬　王　晓　译	PayPal 创业期营销官，亲身讲述 PayPal 从诞生到壮大到成功出售的整个历史	激烈、有趣的内幕商战故事！了解美国支付市场的风云巨变
	中外并购名著专业阅读指南 叶兴平　等著	在 5000 多本并购类图书中精选的 200 著作，在阅读的基础上写的读书评价	精挑细选 200 本并一一评介，省去读者挑选的烦恼，快捷、高效
	互联网时代的银行转型 韩友诚　著	以大量案例形式为读者全面展示和分析了银行的互联网金融转型应对之道	结合本土银行转型发展案例的书籍

续表

房地产	**产业园区/产业地产规划、招商、运营实战** 阎立忠　著	目前中国第一本系统解读产业园区和产业地产建设运营的实战宝典	从认知、策划、招商到运营全面了解地产策划
	人文商业地产策划 戴欣明　著	城市与商业地产战略定位的关键是不可复制性，要发现独一无二的"味道"	突破千城一面的策划困局
	电影院的下一个黄金十年：开发·差异化·案例 李保煜　著	对目前电影院市场存大的问题及如何解决进行了探讨与解读	多角度了解电影院运营方式及代表性案例
经营类：企业如何赚钱，如何抓机会，如何突破，如何"开源"			
	书名．作者	内容/特色	读者价值
抓方向	**让经营回归简单．升级版** 宋新宇　著	化繁为简抓住经营本质：战略、客户、产品、员工、成长	经典，做企业就这几个关键点！
	混沌与秩序Ⅰ：变革时代企业领先之道 **混沌与秩序Ⅱ：变革时代管理新思维** 彭剑锋　尚艳玲　主编	汇集华夏基石专家团队10年来研究成果，集中选择了其中的精华文章编纂成册	作者都是既有深厚理论积淀又有实践经验的重磅专家，为中国企业和企业家的未来提出了高屋建瓴的观点
	活系统：跟任正非学当老板 孙行健　尹　贤　著	以任正非的独到视角，教企业老板如何经营公司	看透公司经营本质，激活企业活力
	重构：中国企业重生战略 杨永华　著	从7个角度，帮助企业实现系统性的改造	提供转型思想与方法，值得参考
	公司由小到大要过哪些坎 卢　强　著	老板手里的一张"企业成长路线图"	现在我在哪儿，未来还要走哪些路，都清楚了
	企业二次创业成功路线图 夏惊鸣　著	企业曾经抓住机会成功了，但下一步该怎么办？	企业怎样获得第二次成功，心里有个大框架了
	老板经理人双赢之道 陈　明　著	经理人怎养选平台、怎么开局，老板怎样选/育/用/留	老板生闷气，经理人牢骚大，这次知道该怎么办了
	简单思考：AMT咨询创始人自述 孔祥云　著	著名咨询公司（AMT）的CEO创业历程中点点滴滴的经验与思考	每一位咨询人，每一位创业者和管理经营者，都值得一读
	企业文化的逻辑 王祥伍　黄健江　著	为什么企业绩效如此不同，解开绩效背后的文化密码	少有的深刻，有品质，读起来很流畅
	使命驱动企业成长 高可为　著	钱能让一个人今天努力，使命能让一群人长期努力	对于想做事业的人，'使命'是绕不过去的
思维突破	**盈利原本就这么简单** 高可为　著	从财务的角度揭示企业盈利的秘密	多方面解读商业模式与盈利的关系，通俗易懂，受益匪浅
	移动互联新玩法：未来商业的格局和趋势 史贤龙　著	传统商业、电商、移动互联，三个世界并存，这种新格局的玩法一定要懂	看清热点的本质，把握行业先机，一本书搞定移动互联网
	画出公司的互联网进化路线图：用互联网思维重塑产品、客户和价值 李　蓓　著	18个问题帮助企业一步步梳理出互联网转型思路	思路清晰、案例丰富，非常有启发性
	重生战略：移动互联网和大数据时代的转型法则 沈　拓　著	在移动互联网和大数据时代，传统企业转型如同生命体打算与再造，称之为"重生战略"	帮助企业认清移动互联网环境下的变化和应对之道

续表

思维突破	**创造增量市场：传统企业互联网转型之道** 刘红明　著	传统企业需要用互联网思维去创造增量，而不是用电子商务去转移传统业务的存量	教你怎么在"互联网+"的海洋中创造实实在在的增量
	7个转变，让公司3年胜出 李　蓓　著	消费者主权时代，企业该怎么办	这就是互联网思维，老板有能这样想，肯定倒不了
	跳出同质思维，从跟随到领先 郭　剑　著	66个精彩案例剖析，帮助老板突破行业长期思维惯性	做企业竟然有这么多玩法，开眼界
	麻烦就是需求　难题就是商机 卢根鑫　著	如何借助客户的眼睛发现商机	什么是真商机，怎么判断、怎么抓，有借鉴
	互联网+"变"与"不变"：本土管理实践与创新论坛集萃·2016 本土管理实践与创新论坛　著	加速本土管理思想的孕育诞生，促进本土管理创新成果更好地服务企业、贡献社会	各个作者本年度最新思想，帮助读者拓宽眼界、突破思维
财务	**写给企业家的公司与家庭财务规划——从创业成功到富足退休** 周荣辉　著	本书以企业的发展周期为主线，写各阶段企业与企业主家庭的财务规划	为读者处理人生各阶段企业与家庭的财务问题提供建议及方法，让家庭成员真正享受财富带来的益处
	互联网时代的成本观 程　翔　著	本书结合互联网时代提出了成本的多维观，揭示了多维组合成本的互联网精神和大数据特征，论述了其产生背景、实现思路和应用价值	在传统成本观下为盈利的业务，在新环境下也许就成为亏损业务。帮助管理者从新的角度来看待成本，进一步做好精益管理

管理类：效率如何提升，如何实现经营目标，如何"节流"

	书名．作者	内容/特色	读者价值
通用管理	**让管理回归简单·升级版** 宋新宇　著	从目标、组织、决策、授权、人才和老板自己层面教你怎样做管理	帮助管理抓住管理的要害，让管理变得简单
	让经营回归简单·升级版 宋新宇　著	从战略、客户、产品、员工、成长、经营者自身等七个方面，归纳总结出简单有效的经营法则	总结出的真正优秀企业的成功之道：简单
	让用人回归简单 宋新宇　著	从用人的原则、用人的难题与误区、用人的方法和用人者的修炼四大方面，总结出适合中小企业做好人才管理工作的法则	帮助管理者抓住用人的要害，让用人变得简单
	管理：以规则驾驭人性 王春强　著	详细解读企业规则的制定方法	从人与人博弈角度提升管理的有效性
	员工心理学超级漫画版 邢　雷　著	以漫画的形式深度剖析员工心理	帮助管理者更了解员工，从而更轻松地管理员工
	帅抓战略，将抓执行 王清华　著	深入剖析老板与高管的异同	各司其职，各行其是，相辅相成
	分股合心：股权激励这样做 段磊　周剑　著	通过丰富的案例，详细介绍了股权激励的知识和实行方法	内容丰富全面、易读易懂，了解股权激励，有这一本就够了

续表

通用管理	**边干边学做老板** 黄中强　著	创业20多年的老板，有经验、能写、又愿意分享，这样的书很少	处处共鸣，帮助中小企业老板少走弯路
	中国式阿米巴落地实践之从交付到交易 胡八一　著	本书主要讲述阿米巴经营会计，“从交付到交易”，这是成功实施了阿米巴的标志	阿米巴经营会计的工作是有逻辑关联的，一本书就能搞定
	中国式阿米巴落地实践之激活组织 胡八一　著	重点讲解如何科学划分阿米巴单元，阐述划分的实操要领、思路、方法、技术与工具	最大限度减少“推行风险”和“摸索成本”，利于公司成功搭建适合自身的个性化阿米巴经营体系
	集团化企业阿米巴实战案例 初勇钢　著	一家集团化企业阿米巴实施案例	指导集团化企业系统实施阿米巴
	阿米巴经营的中国模式 李志华　著	让员工从“要我干”到“我要干”，价值量化出来	阿米巴在企业如何落地，明白思路了
	欧博心法：好管理靠修行 曾　伟　著	用佛家的智慧，深刻剖析管理问题，见解独到	如果真的有‘中国式管理’，曾老师是其中标志性人物
流程管理	**1. 用流程解放管理者** **2. 用流程解放管理者2** 张国祥　著	中小企业阅读的流程管理、企业规范化的书	通俗易懂，理论和实践的结合恰到好处
	跟我们学建流程体系 陈立云　著	畅销书《跟我们学做流程管理》系列，更实操，更细致，更深入	更多地分享实践，分享感悟，从实践总结出来的方法论
质量管理	**IATF16949质量管理体系详解与案例文件汇编：TS16949转版IATF16949:2016** 谭洪华　著	针对IATF的新标准做了详细的解说，同时指出了一些推行中容易犯的错误，提供了大量的表单、案例	案例、表单丰富，拿来就用
	五大质量工具详解及运用案例：APQP/FMEA/PPAP/MSA/SPC 谭洪华　著	对制造业必备的五大质量工具中每个文件的制作要求、注意事项、制作流程、成功案例等进行了解读	通俗易懂、简便易行，能真正实现学以致用
	ISO9001:2015新版质量管理体系详解与案例文件汇编 谭洪华　著	紧密围绕2015年新版质量管理体系文件逐条详细解读，并提供可以直接套用的案例工具，易学易上手	企业质量管理认证、内审必备
	ISO14001:2015新版环境管理体系详解与案例文件汇编 谭洪华　著	紧密围绕2015年新版环境管理体系文件逐条详细解读，并提供可以直接套用的案例工具，易学易上手	企业环境管理认证、内审必备
	SA8000:2014社会责任管理体系认证实战 吕　林　著	作者根据自己的操作经验，按认证的流程，以相关案例进行说明SA8000认证体系	简单，实操性强，拿来就能用
战略落地	**重生——中国企业的战略转型** 施　炜　著	从前瞻和适用的角度，对中国企业战略转型的方向、路径及策略性举措提出了一些概要性的建议和意见	对企业有战略指导意义
	公司大了怎么管：从靠英雄到靠组织 AMT金国华　著	第一次详尽阐释中国快速成长型企业的特点、问题及解决之道	帮助快速成长型企业领导及管理团队理清思路，突破瓶颈

续表

战略落地	**低效会议怎么改:每年节省一半会议成本的秘密** AMT 王玉荣　著	教你如何系统规划公司的各级会议,一本工具书	教会你科学管理会议的办法
	年初订计划,年尾有结果:战略落地七步成诗 AMT 郭晓　著	7 个步骤教会你怎么让公司制定的战略转变为行动	系统规划,有效指导计划实现
人力资源	**HRBP 是这样炼成的之"菜鸟起飞"** 新　海　著	以小说的形式,具体解析 HRBP 的职责,应该如何操作,如何为业务服务	实践者的经验分享,内容实务具体,形式有趣
	HRBP 是这样炼成的之中级修炼 新　海　著	本书以案例故事的方式,介绍了 HRBP 在实际工作中碰到的问题和挑战	书中的 HR 解决方案讲究因时因地制宜、简单有效的原则,重在启发读者思路,可供各类企业 HRBP 借鉴
	HRBP 是这样炼成的之高级修炼 新　海　著	以故事的形式,展现了 HRBP 工作者在职业发展路上的层层深入和递进	为读者提供 HRBP 在实际工作中遇到种种问题的解决方案
	把面试做到极致:首席面试官的人才甄选法 孟广桥　著	作者用自己几十年的人力资源经验总结出的一套实用的确定岗位招聘标准、提升面试官技能素质的简便方法	面试官必备,没有空泛理论,只有巧妙的实操技能
	人力资源体系与 e-HR 信息化建设 刘书生　陈　莹　王美佳　著	将作者经历的人力资源管理变革、人力资源管理信息化咨询项目方法论、工具和成果全面展现给读者,使大家能够将其快速应用到管理实践中	系统性非常强,没有废话,全部是浓缩的干货
	回归本源看绩效 孙　波　著	让绩效回顾"改进工具"的本源,真正为企业所用	确实是来源于实践的思考,有共鸣
	世界 500 强资深培训经理人教你做培训管理 陈　锐　著	从 7 大角度具体细致地讲解了培训管理的核心内容	专业、实用、接地气
	曹子祥教你做激励性薪酬设计 曹子祥　著	以激励性为指导,系统性地介绍了薪酬体系及关键岗位的薪酬设计模式	深入浅出,一本书学会薪酬设计
	曹子祥教你做绩效管理 曹子祥　著	复杂的理论通俗化,专业的知识简单化,企业绩效管理共性问题的解决方案	轻松掌握绩效管理
	把招聘做到极致 远　鸣　著	作为世界 500 强高级招聘经理,作者数十年招聘经验的总结分享	带来职场思考境界的提升和具体招聘方法的学习
	人才评价中心.超级漫画版 邢　雷　著	专业的主题,漫画的形式,只此一本	没想到一本专业的书,能写成这效果
	走出薪酬管理误区 全怀周　著	剖析薪酬管理的 8 大误区,真正发挥好枢纽作用	值得企业深读的实用教案
	集团化人力资源管理实践 李小勇　著	对搭建集团化的企业很有帮助,务实,实用	最大的亮点不是理论,而是结合实际的深入剖析
	我的人力资源咨询笔记 张　伟　著	管理咨询师的视角,思考企业的 HR 管理	通过咨询师的眼睛对比很多企业,有启发
	本土化人力资源管理 8 大思维 周　剑　著	成熟 HR 理论,在本土中小企业实践中的探索和思考	对企业的现实困境有真切体会,有启发

续表

企业文化	**36 个拿来就用的企业文化建设工具** 海融心胜　主编	数十个工具，为了方便拿来就用，每一个工具都严格按照工具属性、操作方法、案例解读划分，实用、好用	企业文化工作者的案头必备书，方法都在里面，简单易操作
	企业文化建设超级漫画版 邢　雷　著	以漫画的形式系统教你企业文化建设方法	轻松易懂好操作
	华夏基石方法：企业文化落地本土实践 王祥伍　谭俊峰　著	十年积累、原创方法、一线资料，和盘托出	在文化落地方面真正有洞察，有实操价值的书
	企业文化的逻辑 王祥伍　著	为什么企业之间如此不同，解开绩效背后的文化密码	少有的深刻，有品质，读起来很流畅
	企业文化激活沟通 宋杼宸　安　琪　著	透过新任 HR 总经理的眼睛，揭示出沟通与企业文化的关系	有实际指导作用的文化落地读本
	在组织中绽放自我：从专业化到职业化 朱仁健　王祥伍　著	个人如何融入组织，组织如何助力个人成长	帮助企业员工快速认同并投入到组织中去，为企业发展贡献力量
	企业文化定位·落地一本通 王明胤　著	把高深枯燥的专业理论创建成一套系统化、实操化、简单化的企业文化缔造方法	对企业文化不了解，不会做？有这一本从概念到实操，就够了
生产管理	**精益思维：中国精益如何落地** 刘承元　著	笔者二十余年企业经营和咨询管理的经验总结	中国企业需要灵活运用精益思维，推动经营要素与管理机制的有机结合，推动企业管理向前发展
	300 张现场图看懂精益 5S 管理 乐　涛　编著	5S 现场实操详解	案例图解，易懂易学
	高员工流失率下的精益生产 余伟辉　著	中国的精益生产必须面对和解决高员工流失率问题	确实来源于本土的工厂车间，很务实
	车间人员管理那些事儿 岑立聪　著	车间人员管理中处理各种“疑难杂症”的经验和方法	基层车间管理者最闹心、头疼的事，‘打包’解决
	1. 欧博心法：好管理靠修行 **2. 欧博心法：好工厂这样管** 曾　伟　著	他是本土最大的制造业管理咨询机构创始人，他从 400 多个项目、上万家企业实践中锤炼出的欧博心法	中小制造型企业，一定会有很强的共鸣
	欧博工厂案例 1：生产计划管控对话录 **欧博工厂案例 2：品质技术改善对话录** **欧博工厂案例 3：员工执行力提升对话录** 曾　伟　著	最典型的问题、最详尽的解析，工厂管理 9 大问题 27 个经典案例	没想到说得这么细，超出想象，案例很典型，照搬都可以了
	工厂管理实战工具 欧博企管　编著	以传统文化为核心的管理工具	适合中国工厂
	苦中得乐：管理者的第一堂必修课 曾　伟　编著	曾伟与师傅大愿法师的对话，佛学与管理实践的碰撞，管理禅的修行之道	用佛学最高智慧看透管理
	比日本工厂更高效 1：管理提升无极限 刘承元　著	指出制造型企业管理的六大积弊；颠覆流行的错误认知；掌握精益管理的精髓	每一个企业都有自己不同的问题，管理没有一剑封喉的秘笈，要从现场、现物、现实出发

续表

生产管理	**比日本工厂更高效2:超强经营力** 刘承元　著	企业要获得持续盈利,就要开源和节流,即实现销售最大化,费用最小化	掌握提升工厂效率的全新方法
	比日本工厂更高效3:精益改善力的成功实践 刘承元　著	工厂全面改善系统有其独特的目的取向特征,着眼于企业经营体质(持续竞争力)的建设与提升	用持续改善力来飞速提升工厂的效率,高效率能够带来意想不到的高效益
	3A顾问精益实践1:IE与效率提升 党新民　苏迎斌　蓝旭日　著	系统的阐述了IE技术的来龙去脉以及操作方法	使员工与企业持续获利
	3A顾问精益实践2:JIT与精益改善 肖志军　党新民　著	只在需要的时候,按需要的量,生产所需的产品	提升工厂效率
员工素质提升	**TTT培训师精进三部曲(上):深度改善现场培训效果** 廖信琳　著	现场把控不用慌,这里有妙招一用就灵	课程现场无论遇到什么样的情况都能游刃有余
	TTT培训师精进三部曲(中):构建最有价值的课程内容 廖信琳　著	这样做课程内容,学员有收获 培训师也有收获	优质的课程内容是树立个人品牌的保证
	TTT培训师精进三部曲(下):职业功力沉淀与修为提升 廖信琳　著	从内而外提升自己,职业的道路一帆风顺	走上职业TTT内训师的康庄大道
	管理咨询师的第一本书:百万年薪 千万身价 熊亚柱　著	从问题出发,发现问题、分析问题、解决问题,让两眼一抹黑的新人快速成长	管理咨询师初入职场,让这本书开启百万年薪之路
	手把手教你做专业督导:专卖店、连锁店 熊亚柱　著	从督导的职能、作用,在工作中需要的专业技能、方法,都提供了详细的解读和训练办法,同时附有大量的表单工具	无论是店铺需要统一培训,还是个人想成为优秀的督导,有这一本就够了
	跟老板"偷师"学创业 吴江萍　余晓雷　著	边学边干,边观察边成长,你也可以当老板	不同于其他类型的创业书,让你在工作中积累创业经验,一举成功
	销售轨迹:一位快消品营销总监的拼搏之路 秦国伟　著	本书讲述了一个普通销售员打拼成为跨国企业营销总监的真实奋斗历程	激励人心,给广大销售员以力量和鼓舞
	在组织中绽放自我:从专业化到职业化 朱仁健　王祥伍　著	个人如何融入组织,组织如何助力个人成长	帮助企业员工快速认同并投入到组织中去,为企业发展贡献力量
	企业员工弟子规:用心做小事,成就大事业 贾同领　著	从传统文化《弟子规》中学习企业中为人处事的办法,从自身做起	点滴小事,修养自身,从自身的改善得到事业的提升
	手把手教你做顶尖企业内训师:TTT培训师宝典 熊亚柱　著	从课程研发到现场把控、个人提升都有涉及,易读易懂,内容丰富全面	想要做企业内训师的员工有福了,本书教你如何抓住关键,从入门到精通

续表

营销类：把客户需求融入企业各环节，提供"客户认为"有价值的东西			
	书名．作者	内容/特色	读者价值
营销模式	**精品营销战略** 杜建君　著	以精品理念为核心的精益战略和营销策略	用精品思维赢得高端市场
	变局下的营销模式升级 程绍珊　叶　宁　著	客户驱动模式、技术驱动模式、资源驱动模式	很多行业的营销模式被颠覆，调整的思路有了！
	卖轮子 科克斯【美】	小说版的营销学！营销理念巧妙贯穿其中，贵在既有趣，又有深度	经典、有趣！一个故事读懂营销精髓
	动销操盘：节奏掌控与社群时代新战法 朱志明　著	在社群时代把握好产品生产销售的节奏，解析动销的症结，寻找动销的规律与方法	都是易读易懂的干货！对动销方法的全面解析和操盘
	弱势品牌如何做营销 李政权　著	中小企业虽有品牌但没名气，营销照样能做的有声有色	没有丰富的实操经验，写不出这么具体、详实的案例和步骤，很有启发
	老板如何管营销 史贤龙　著	高段位营销16招，好学好用	老板能看，营销人也能看
	洞察人性的营销战术：沈坤教你28式 沈　坤　著	28个匪夷所思的营销怪招令人拍案叫绝，涉及商业竞争的方方面面，大部分战术可以直接应用到企业营销中	各种谋略得益于作者的横向思维方式，将其操作过的案例结合其中，提供的战术对读者有参考价值
	动销：产品是如何畅销起来的 吴江萍　余晓雷　著	真真切切告诉你，产品究竟怎么才能卖出去	击中痛点，提供方法，你值得拥有
销售	**资深大客户经理：策略准，执行狠** 叶敦明　著	从业务开发、发起攻势、关系培育、职业成长四个方面，详述了大客户营销的精髓	满满的全是干货
	成为资深的销售经理：B2B、工业品 陆和平　著	围绕"销售管理的六个关键控制点"一一展开，提供销售管理的专业、高效方法	方法和技术接地气，拿来就用，从销售员成长为经理不再犯难
	销售是门专业活：B2B、工业品 陆和平　著	销售流程就应该跟着客户的采购流程和关注点的变化向前推进，将一个完整的销售过程分成十个阶段，提供具体方法	销售不是请客吃饭拉关系，是个专业的活计！方法在手，走遍天下不愁
	向高层销售：与决策者有效打交道 贺兵一　著	一套完整有效的销售策略	有工具，有方法，有案例，通俗易懂
	卖轮子 科克斯　【美】	小说版的营销学！营销理念巧妙贯穿其中，贵在既有趣，又有深度	经典、有趣！一个故事读懂营销精髓
	学话术　卖产品 张小虎　著	分析常见的顾客异议，将优秀的话术模块化	让普通导购员也能成为销售精英
组织和团队	**升级你的营销组织** 程绍珊　吴越舟　著	用"有机性"的营销组织替代"营销能人"，营销团队变成"铁营盘"	营销队伍最难管，程老师不愧是营销第1操盘手，步骤方法都很成熟
	用数字解放营销人 黄润霖　著	通过量化帮助营销人员提高工作效率	作者很用心，很好的常备工具书

续表

组织和团队	**成为优秀的快消品区域经理(升级版)** 伯建新　著	用“怎么办”分析区域经理的工作关键点,增加30%全新内容,更贴近环境变化	可以作为区域经理的“速成催化器”
	成为资深的销售经理:B2B、工业品 陆和平　著	围绕“销售管理的六个关键控制点”一一展开,提供销售管理的专业、高效方法	方法和技术接地气,拿来就用,从销售员成长为经理不再犯难
	一位销售经理的工作心得 蒋　军　著	一线营销管理人员想提升业绩却无从下手时,可以看看这本书	一线的真实感悟
	快消品营销:一位销售经理的工作心得2 蒋　军　著	快消品、食品饮料营销的经验之谈,重点突出	来源于实战的精华总结
	销售轨迹:一位快消品营销总监的拼搏之路 秦国伟　著	本书讲述了一个普通销售员打拼成为跨国企业营销总监的真实奋斗历程	激励人心,给广大销售员以力量和鼓舞
	用营销计划锁定胜局:用数字解放营销人2 黄润霖　著	全方位教你怎么做好营销计划,好学好用真简单	照搬套用就行,做营销计划再也不头痛
	快消品营销人的第一本书:从入门到精通 刘　雷　伯建新　著	快消行业必读书,从入门到专业	深入细致,易学易懂
产品	**新产品开发管理,就用IPD** 郭富才　著	10年IPD研发管理咨询总结,国内首部IPD专业著作	一本书掌握IPD管理精髓
	资深项目经理这样做新产品开发管理 秦海林　著	以IPD为思想,系统讲解新产品开管理的细节	提供管理思路和实用工具
	产品炼金术Ⅰ:如何打造畅销产品 史贤龙　著	满足不同阶段、不同体量、不同行业企业对产品的完整需求	必须具备的思维和方法,避免在产品问题上走弯路
	产品炼金术Ⅱ:如何用产品驱动企业成长 史贤龙　著	做好产品、关注产品的品质,就是企业成功的第一步	必须具备的思维和方法,避免在产品问题上走弯路
品牌	**中小企业如何建品牌** 梁小平　著	中小企业建品牌的入门读本,通俗、易懂	对建品牌有了一个整体框架
	采纳方法:破解本土营销8大难题 朱玉童　编著	全面、系统、案例丰富、图文并茂	希望在品牌营销方面有所突破的人,应该看看
	中国品牌营销十三战法 朱玉童　编著	采纳20年来的品牌策划方法,同时配有大量的案例	众包方式写作,丰富案例给人启发,极具价值
	今后这样做品牌:移动互联时代的品牌营销策略 蒋　军　著	与移动互联紧密结合,告诉你老方法还能不能用,新方法怎么用	今后这样做品牌就对了
	中小企业如何打造区域强势品牌 吴　之　著	帮助区域的中小企业打造自身品牌,如何在强壮自身的基础上往外拓展	梳理误区,系统思考品牌问题,切实符合中小区域品牌的自身特点进行阐述
渠道通路	**快消品营销与渠道管理** 谭长春　著	将快消品标杆企业渠道管理的经验和方法分享出来	可口可乐、华润的一些具体的渠道管理经验,实战

续表

渠道通路	**传统行业如何用网络拿订单** 张　进　著	给老板看的第一本网络营销书	适合不懂网络技术的经营决策者看
	采纳方法：化解渠道冲突 朱玉童　编著	系统剖析渠道冲突，21个渠道冲突案例、情景式讲解，37篇讲义	系统、全面
	学话术　卖产品 张小虎　著	分析常见的顾客异议，将优秀的话术模块化	让普通导购员也能成为销售精英
	向高层销售：与决策者有效打交道 贺兵一　著	一套完整有效的销售策略	有工具，有方法，有案例，通俗易懂
	通路精耕操作全解：快消品20年实战精华 周　俊　陈小龙　著	通路精耕的详细全解，每一步的具体操作方法和表单全部无保留提供	康师傅二十年的经验和精华，实践证明的最有效方法，教你如何主宰通路

管理者读的文史哲·生活

	书名．作者	内容/特色	读者价值
思想·文化	**德鲁克管理思想解读** 罗　珉　著	用独特视角和研究方法，对德鲁克的管理理论进行了深度解读与剖析	不仅是摘引和粗浅分析，还是作者多年深入研究的成果，非常可贵
	德鲁克与他的论敌们：马斯洛、戴明、彼得斯 罗　珉　著	几位大师之间的论战和思想碰撞令人受益匪浅	对大师们的观点和著作进行了大量的理论加工，去伪存真、去粗存精，同时有自己独特的体系深度
	德鲁克管理学 张远凤　著	本书以德鲁克管理思想的发展为线索，从一个侧面展示了20世纪管理学的发展历程	通俗易懂，脉络清晰
	王阳明"万物一体"论——从"身体"的立场看 陈立胜　著	以身体哲学分析王阳明思想中的"仁"与"乐"	进一步了解传统文化，了解王阳明的思想
	自我与世界：以问题为中心的现象学运动研究 陈立胜　著	以问题为中心，对现象学运动中的"意向性""自我""他人""身体"及"世界"各核心议题之思想史背景与内在发展理路进行深入细致的分析	深入了解现象学中的几个主要问题
	作为身体哲学的中国古代哲学 张再林　著	上篇为中国古代身体哲学理论体系奠基性部分，下篇对由"上篇"所开出的中国身体哲学理论体系的进一步的阐发和拓展	了解什么是真正原生态意义上的中国哲学，把中国传统哲学与西方传统哲学加以严格区别
	中西哲学的歧异与会通 张再林　著	本书以一种现代解释学的方法，对中国传统哲学内在本质尝试一种全新的和全方位的解读	发掘出掩埋在古老传统形式下的现代特质和活的生命，在此基础上揭示中西哲学"你中有我，我中有你"之旨
	治论：中国古代管理思想 张再林　著	本书主要从儒、法墨三家阐述中国古代管理思想	看人本主义的管理理论如何不留斧痕地克服似乎无法调解的存在于人类社会行为与社会组织中的种种两难和对立

续表

思想·文化	**中国古代政治制度(修订版)上:皇帝制度与中央政府(待出版)** 刘文瑞　著	全面论证了古代皇帝制度的形成和演变的历程	有助于读者从政治制度角度了解中国国情的历史渊源
	中国古代政治制度(修订版)下:地方体制与官僚制度(待出版) 刘文瑞　著	全面论证了古代地方政府的发展演变过程	有助于读者从政治制度角度了解中国国情的历史渊源
	中国思想文化十八讲(修订版)(待出版) 张茂泽　著	中国古代的宗教思想文化,如对祖先崇拜、儒家天命观、中国古代关于"神"的讨论等	宗教文化和人生信仰或信念紧密相联,在文化转型时期学习和研究中国宗教文化就有特别的现实意义
	史幼波《大学》讲记 史幼波　著	用儒释道的观点阐释大学的深刻思想	一本书读懂传统文化经典
	史幼波《周子通书》《太极图说》讲记 史幼波　著	把形而上的宇宙、天地,与形而下的社会、人生、经济、文化等融合在一起	将儒家的一整套学修系统融合起来
	史幼波《中庸》讲记(上下册) 史幼波　著	全面、深入浅出地揭示儒家中庸文化的真谛	儒释道三家思想融会贯通
	梁涛讲《孟子》之《万章篇》 梁　涛　著	《万章》主要记录孟子与万章的对话,涉及孝道、亲情、友情、出仕为官等	作者的解读能帮助读者更好地理解孟子及儒学
	每个中国人身上的春秋基因 史贤龙　著	春秋368年(公元前770-公元前403年),每一个中国人都可以在这段时期的历史中找到自己的祖先,看到真实发生的事件,同时也看到自己	长情商、识人心
	与《老子》一起思考:德篇 史贤龙　著	打通文史,回归哲慧,纵贯古今,放眼中外,妙语迭出,在当今的老子读本中别具一格	深读有深读的回味,浅尝有浅尝的机敏,可给读者不同的启发
	郑子太极拳理拳法丛书 杨竣雄　著	走进郑子太极拳完整训练体系的大门,随着书中另一主角——师父的课程安排与每日功课的练习	当您学完这套书后,在掌握拳架的同时具备诸多正确的太极理念与系统知识
	内功太极拳训练教程 王铁仁　编著	杨式(内功)太极拳(俗称老六路)的详细介绍及具体修炼方法,身心的一次升华	书中含有大量图解并有相关视频供读者同步学习
	中医治心脏病 马宝琳　著	引用众多真实案例,客观真实地讲述了中西医对于心脏病的认识及治疗方法	看完这本书,能为您节约10万元医药费